U0010209

55個刺激提問

把好事做對，
思辨後的生命價值問答，
國際 NGO 的現場實戰

褚士瑩——著

推薦序❶

勇於自省，才有強大的自信

——《做工的人》作者林立青

我和褚士瑩見過兩次面，第一次在NPOst的春酒上，第二次在燦爛時光書店。兩次見面都讓我留下深刻印象。

第一次的春酒，我發現我不能不注意褚士瑩這個人，他的態度溫和卻堅定，外型極有風格和特色，對於席間所有的問題都能夠提出看法，或誠實說自己沒看法。他口條清晰並且態度自然，時而認真回覆，時而幽默開玩笑。那天他無疑是最吸睛的人物，也因此讓我決定回家後認真看待這個人。

經過上網搜尋，我發現褚士瑩是一個極有魅力和特色的人。他的演講不用投影片，演說時表情自然；上節目所有的回答都從容以對，面對問題充滿自信，與他人互動眼神誠懇，表情豐富。

而所有特質之中，最重要的是他具有強大的自信心。

在台灣並不缺乏願意幫助他人、關懷弱勢的人們，但這些善良且滿懷熱情者最大的問題在於應該要如何行動？在面對無力的社會現實下，如何繼續保有自己對人的關懷？如何用正確的行動協助他人，又該如何將有限的資源用在我們所看到的需要幫助者？

我們都為此感到猶豫，究竟是要如何捐款，又應該將自己的時間和精神投入在哪兒？我們期待自己能夠給予這個社會貢獻，同時也擔憂自己投入是否真的有所效果？如果捐助的對象團體反對同志，或是堅守反墮胎立場時，我們又應該如何自處？我們的抵制行為究竟合理還是反而無效？我們所發起的教育計畫是否真的是這些受幫助者所需要的？

褚士瑩的新書中，直接清晰地回答了所有ＮＰＯ以及ＮＧＯ從業者會面對的問題，從ＮＧＯ行動的困難談到我們該如何應對捐款者以及受助者的期待，他也同時針對願意提供協助的人指出如何看待自己手上的資源，如何選擇捐助對象，甚至更重要的道德難題，我們在面對自己認為正確的行善作為時，是否真的有幫助到真正需要的人。

從這本書中，我能看出來褚士瑩本人強大的自信，來自於深刻自省。一個能深刻反省自己的人，才有可能持續性地對於這些議題發出思考和批判，指引和論述。我在閱讀的過程中，不斷發現自己過去所認為「正確」的行動，其實很可能是重複累積下的錯誤印象，我過去對於這些NGO組織的期待，也可能是自己的幻想。

我推薦給每一個在台灣，願意關懷別人的朋友。

推薦序❷

一本沒有標準答案的書

——張正，台灣一起夢想公益協會祕書長，燦爛時光東南亞主題書店創辦人

眾人前仆後繼向他提問，他像個擂台霸主一一接招。歷經五十五次回合對戰，集結了這本刀刀見骨、拳拳到肉的書。乍看，是一本NGO（非政府組織）、NPO（非營利組織）教戰守則；細讀，則是一篇篇關於人生的詰問。褚士瑩反覆叮嚀：要思考、要專業、要務實、要做一個自己喜歡的人。

阿北很壞，不給答案

自稱「阿北」的褚士瑩，自序名為〈變成一個自己喜歡的人〉。怎麼「變」？我好想直接聽到答案。不過阿北很壞，不肯正面回答，而是隨手拈來他在世界各地的見聞，給你參考，要你思考，文章行雲流水、引經據典，偏偏就是不給標準答案。而且

還尖銳反問：「你確定真的只缺資金嗎？（罵人缺腦子）」「你真的知道什麼是重要的、什麼是緊急的嗎？（還是罵人缺腦子）」聽到ＮＧＯ說「這是不能用金錢衡量的」時，更不留顏面地說：「我看根本是你不會衡量吧？」

看完了書沒有得到答案（還被羞辱），很失望。但是真實的世界，不正是如此複雜難解嗎？就算在會議室制訂了嚴謹的ＳＯＰ（標準作業程序），自以為預見了事態的演變，無奈迎面而來的每件案子都不同，有的緊急有的重要，有的太大有的太小，更多的是情感（或者關說）氾濫成災，要面面俱到又堅守原則又賓主盡歡，簡直是不可能的任務。

怎麼辦？阿北雖然很壞，還是提供了不少判斷依據（例如八種影響力指標、五個捐款建議、十個判斷能否成功的標準）。不過最最核心的，仍是你自己是否願意思考再思考，以及，有沒有踏出第一步的行動勇氣。

漢娜鄂蘭與褚士瑩

褚士瑩要讀者思考，這與知名猶太裔學者漢娜鄂蘭的主張頗神似：

……未參與（納粹屠殺猶太人）者的判準是不同的：他們自問，要是做了某些事情之後，如何還能和自己和平共存、心安理得地活著。

……這種判斷方式的前提不是高度發展的智慧或複雜的道德省思，而是一種坦然與自己相處的性情傾向，與自我交流，亦即我和自我進行那無聲的對話，而這過程，自蘇格拉底和柏拉圖以來，通常就稱之爲思考。

……那些願意思考、也因此必須自行做判斷的人，和那些不願意這樣做的人，兩者的分界線橫跨了所有社會、文化或教育的差異。

如果有一條線劃分「思考的人」與「不思考的人」，褚士瑩顯然想把更多人拉向「思考的人」這個團隊。當然，這是很難很難超級難的社會工程。畢竟不思考比較輕鬆，聽命行事比較容易比較安全，就算最後的結果是一場空，那也是ＳＯＰ的錯，不是我的錯。

但是，事情不難就沒有樂趣了！我決定響應褚士瑩的號召，加入思考團隊，練習思考，習慣於思考，自己找答案，自己做判斷，不只是為了做好ＮＧＯ的工作，不只是為了讓世界更美好，而是為了成為一個心安理得、自己也喜歡的自己。

推薦序❸

把好事做對，是一種專業

——葉靜倫，NPOst 公益交流站主編

自自從「NPOst 公益交流站」有了褚士瑩的專欄「阿北私會所」之後，多了很多不一樣的聲音。

一直以來，NPOst 就希望成為台灣公益團體的交流平台，希望所有在社會服務和NGO（非政府組織）領域奮戰的朋友，都可以在這裡找到支持、方法與力量。

社會服務與NGO關懷的是弱勢、邊緣族群，包括移工、無家者、受暴婦女、流浪狗、失親兒少、身心障礙者、無依老人、原住民等。公益組織與非政府組織為這些族群提供服務、對社會進行倡議，期望賦權這些弱勢，給予自立的力量。

台灣在八〇年代以前，一直都是國際上需要幫助的弱勢小國。在那個疾病橫行、資訊、技術與科技都尚不發達的時代，有無數熱心的西方傳教士和慈善組織，以愛心和熱情傾注於台灣，有些人甚至一輩子就這麼奉獻在這塊小島上。直至八〇年代後，我們才逐漸發展出自我力量，到了九〇年代後期，本土NGO如至善社會福利基金會、羅慧夫顱顏基金會等，甚至能走出自己的路，將台灣的服務專業帶往國際。

然而，在傳統的「施予」概念之下，有越來越多服務者開始出現疑問：被服務者的心聲究竟是什麼？什麼樣的「幫助」才是他們真正需要的？為什麼讓受助者參與方案計畫的訂定過程這麼重要？身為NGO工作者，該如何評估、策畫一個真正有益於他者的輔導計畫？跨文化的NGO工作又該如何面對文化與族群間的衝突？

或者，如果你不是社會工作者，僅僅作為一名捐款人，又有什麼樣的義務與責任？

不得不面對的是，「助人」已經成為一門專業。如今的台灣，已經發展到不再能用殘補式的愛心與慈善走天下、做好事的階段。我們面對太多結構性的問題：孩子沒飯吃，光給他飯吃已經不夠，還必須探究他為什麼家庭功能失常？無依老人陸續孤單地逝去，光給他們津貼已經不夠，還必須知道有什麼樣的輔具和治療，原本可以提早預防悲劇的發生？身心障礙者不是訓練到會做鳳梨酥就好，還必須了解他們為什麼無法被社區所接受、無法就地得到專業的照顧服務？

此即是「把好事做對」的本意——助人之前若毫無思慮，所有的「幫助」不只會徒然，還會是種傷害。

也因此，我們必須不斷的自我扣問，而這樣的扣問不一定找得到答案，NPOst 因此期望打造一個祕密研究室，讓每一個徬徨的助人工作者都能得有意義的回應，「阿北私會所」於焉誕生。

從二〇一六年初專欄啟動到現在，阿北從來沒有一週缺席（如此難得、乖巧又神速的作家！）他坐鎮會所，開放世界各地的ＮＧＯ工作者、公益觀察家、捐款人、創業者、家長、老師、學生、志工等各式各樣領域的朋友，一起來問問題，所有那些想不通的、徬徨的，都能在這裡得到一種思考。

它或許不是最終的解答，也不應該是，但阿北用自己長久以來的歷練與打滾ＮＧＯ的經驗，提供重要的、重新看待事物的視角，讓每一個做社會服務、關心社會共好的朋友，都能在其中進一步獨立思考，找出屬於自己的答案。

很開心看到這個專欄集結出版。這個專欄在 NPO 二〇一六年的年終大調查中，名列讀者最愛專欄第一名。期待阿北繼續不斷地解惑下去，讓所有這社會願意對他人伸出雙手、心懷熱忱的朋友，都能找對方法，給予世界最適切的回饋。

【自序】

變成一個自己喜歡的人

我在整理這本書的時候，一位我工作多年的夥伴緬甸北部克欽邦女性民主運動領袖，受到住在日本的克欽人邀請，前往東京為持續多年的內戰問題，跟民主黨的多位國會議員進行密集遊說。同時，我也正在遊說一個紐約國際人權組織，爭取預算，對克欽邦的難民營以及在地 NGO 工作者進行培訓。自從將近六年前內戰爆發以來，這已經變成我們例行的無償工作。

這天深夜，她截了一張我臉書上穿著克欽邦的反戰 T 恤，對著一群台北的高中生講話的照片，貼在我的塗鴉牆，旁邊加了一行字：「Love you. Thank you for being a Kachin.」（我們愛你。謝謝你身為克欽人。）

那一剎那，我疲倦發紅的眼睛，忍不住變得更紅了。

當然，我不是克欽人。但這件事情有點複雜。

克欽人有一套非常複雜的社會階級系統，長期以來讓人類學家充滿興趣。倫敦大學亞非學院（SOAS）的東南亞專家 Mandy Sadan 博士在二〇一三年底出過一本研究論文，書名就叫做《Being and Becoming Kachin》，講的就是「身為」克欽人與「變成」克欽人這兩個獨特的概念。因為「克欽人」不是一個單純的種族，在需要的時候，克欽人可以「變成」撣邦人，而一個非克欽人，是可以透過特定的漫長過程被克欽家族「接納」而變成克欽人。

在緬甸和克欽人肩並肩進行和平工作十多年後，不知不覺，在他們的眼中，我已經是克欽人了。

對我來說，這個克欽人的身分，是一種光榮的印記。

我十多年前之所以離開科技產業，進入國際 NGO 組織工作，正是因為我想讓自己的生命有價值。當時我以為讓自己的生命產生價值的方法，就是透過專業，幫助別人。但是現在回頭看，才發現真正的價值不只在我想「做對的事」，而在於我學會如何「把對的事做好」，在這過程中，慢慢變成一個自己喜歡的人，這才是最大的獎賞。

我對「做好事」的概念，從一開始很粗淺的「我想捐錢」「我想當志工」，慢慢意識到原來細節比結果更重要，因為「魔鬼藏在細節中」。為了要知道如何把細節做好，我發現「思辨」能力的重要性，因為一個腦袋不會想的人，無論有再多的好意、再多的金錢，怎麼做都不對。

我學會用評估NGO組織影響力的工具來評估自己，我的母校哈佛大學甘迺迪政府學院的老師Robert Behn在二〇〇三年提出這套針對特定管理目的的八種指標，分別是：評估（evaluate）、控制（control）、預算（budget）、激勵（motivate）、提升（promote）、慶祝（celebrate）、學習（learn）和改進（improve）。

評估（evaluate）

「評估」是否有影響力，必須要確定我在做的事，是不是可以用菜市場賣菜的阿嬤也能完全理解的語言來說明，而且這個阿嬤還可以用一句她自己的話說出組織的願景，像是：「喔！哇哉哇哉，你們就是在教外勞做生意的老師嘛！」賣弄專有名詞，或是留太多想像空間的組織，讓人一句話說不清楚，是不可能有影響力的。

控制（control）

「控制」自己的影響力，意思是不能讓想做的事情主軸超過三個。如果「土地信託」是一個組織的主軸，這個組織就不能「也」有在做老人日托、獨居老人送餐，「也」推廣有機農業，「也」接受政府委託經營育幼院。因為主軸多於兩個，組織同時要做好不同方向的計畫、並且發揮影響力的機率，就會變得很低。

預算（budget）

「預算」要在計畫開始前就清楚訂立，並且確實遵守，不應該因為計畫執行過程中，只因為「我們後來發現這個也很重要，應該要做」所以投入過多資源，造成預算超支。簡單的例子是，如果在學校營養午餐的計畫進行過程中，發現很多學童之所以沒有午餐吃，是因為家裡長期沒有大人，便支用原本營養午餐的預算去做陪讀和課後輔導計畫，以至於營養午餐計畫預算短缺，必須在學期中提前腰斬，這麼做對於組織的影響力，就絕對不是加分，而是扣分。

激勵（motivate）

計畫是否對於組織內部員工產生「激勵」作用，是影響力的評估重點之一。如果組織內部工作者覺得這個計畫的執行讓他們疲憊，甚至覺得沒有意義，即使紙面上成績斐然，在我的標準下，依舊算是缺乏影響力的計畫——連自己人都感動不了，怎麼可能感動別人？

另一種「激勵」的對象是社區。如果一個計畫一直只有內部人有感，但是社區成員毫不在乎，比如有一個防止沙漠化的造林計畫，當地社區成員只願意用日薪方式接受組織聘僱來植樹，沒有任何當地社區成員想要以志工身分參與。表面上，雖然多年來種了幾十萬棵樹，但沒有感動任何一個在地人，我對這個計畫的影響力，還是會抱持相當的存疑。

提升（promote）

計畫是否夠「提升」我個人、組織本身跟組織內成員的力量，是我判斷影響力的重要指標。人事部門一年只做一次員工表現評估，作用微乎其微，這麼重要的事一年做一次，根本太遲。組織參與計畫的成員能力，是否有隨著計畫不斷提升，其實是很容易量化，卻時常被忽略的。應該隨時關注每一個階段的訓練，是否達到組織計畫需要的培力效果。

慶祝（celebrate）

我學會「慶祝」。慶祝里程碑是知道組織計畫進度非常重要的指標，一個組織的計畫，不能只有一個最終目標（比如募款達到一億元），而是在這期間設立許多的里程碑，比如說募集這次一千萬元的速度，是否比上一個一千萬元更快？這個募款速度的增加，是否反映了組織的影響力上升？如果這次一千萬的募款速度變慢，是否代表影響力下降？分成許多值得慶祝的里程碑，能幫助一個組織了解影響力的變化。

學習（learn）

組織是否有在「學習」，是判斷組織影響力的重要指標。比如組織是否面臨狀況的改變，時時刻刻做細微的策略修正，當細微的修正已經不夠時，是否能夠回頭審視組織的使命和願景，是否需要重新調整。這樣的組織是一個有學習力的組織，沒有學習力的組織只能「執行」，然而有影響力的組織，會像孩童成長那樣，會學習、會進化。

改進（improve）

一個人，就像一個有影響力的組織，都應該持續「改進」，不會有停滯的狀態。當一個問題得到解決之後，立刻會找到另外一個需要改善的層面，去進行另外一個週期的改善。這樣的持續改進不應該有停止的時候。

或許在克欽人心目中，我變成了克欽人的一分子，但是我真正的成就，是慢慢變成了我自己，一個我喜歡的自己。

為此，我深深感激 NGO 工作教會我的那些事。

PART 01
「我想做好事」所以「我想捐錢」

PART 02

「我想做好事」所以「我想當志工」

PART 03
「我想把對的事做好」因為「魔鬼藏在細節中」

PART 04

「我想把對的事做好」因為「一個不會想的人，做什麼都不對」

提問者

喜歡胡思亂想的高中生、二十八歲熱血的小 NGO 負責人、每天都想很多的捐款人、很不認同的讀者、不知道該怎麼捐款的小資女、很多事都想不通的偏鄉老師、困擾的小三生家長、有愛心又熱心的民眾、三十八歲服務中的海外志工、困惑的大學生、剛進非營利組織工作的菜鳥新鮮人、三十一歲正在澳洲打工度假的 Isabel Tsai、看 NGO 熱鬧的無業遊民 Claire、大型 NGO 工作者、天真的善心人、也想做公益的廣告代理商、關注公益的捐款人、五十一歲的公益組織工作者、用行動改變世界的讀者等五十五位來自各界的提問人……

回答者

褚士瑩〈有時會化名青春永駐的、處變不驚的、很愛管閒事的、持續練習溫柔的、精神分裂的、認為捐款應該有下限的褚阿北等等，每一篇隨著主題變化而有不同的稱呼。〉

PART 01

我想做好事

所以

我想捐錢

有錢的人想捐錢，沒有錢的人也想捐錢，
但是錢對於讓世界變得更好，到底有多重要？
捐錢是不是等於做好事？
捐錢是通向成為好人的捷徑嗎？
如果是的話，應該要捐多少才叫做「剛好」？
透過十四回合的問答，讓我們重新思考錢和捐款真正的價值。

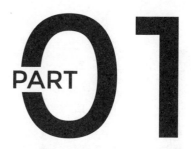

第1回合

突然擁有四億元跟兩百年，你會怎麼用？

喜歡胡思亂想的高中生：

阿北，最近某堂課，老師分別問了我們兩個問題，讓我覺得很有趣，在紙上作答的同時，突然很好奇阿北會怎麼安排，可以聽聽你的想法嗎？

第一題：如果你有四億台幣，你會怎麼花？第二題是在第一題讓我們寫完才問的：如果你有兩百年，你會怎麼過？（可以任意決定自己的健康狀況、是否要變老、變年輕、何時變老或不變、或停留在任意年齡都可，經濟狀況則是完全不用擔心的。）

青春永駐的褚阿北：

錢可以永續地花，時間倒是無所謂！（瀟灑）

如果你有四億元，你會怎麼花？

我會用其中一半的兩億元，在世界上幾個值得NGO工作者學習的城市，在這些城市交通方便的地方，購買一間大小適中、不需要豪華但應有盡有的公寓，開放給NGO工作者免費登記使用。另外一半的錢，則依照比例以現金跟投資相對較低風險的金融商品，作為這些公寓長期下來的管理維護、修繕、稅務使用。

之所以會有「NGO公寓」這樣的想法，起始於將近二十年前，決定離開美國的科技公司、進入NGO組織工作時，我憂慮按照非營利組織的收入水準，未來需要去一個我喜歡的地方休息時，財力上沒有餘裕這麼做。抱著這樣的想法，我因此事先在泰國曼谷市中心買了一間小公寓，除了自己使用，也讓其他NGO工作者無償使用，一直到現在。

當時我告訴自己：「我不知道自己能夠這麼做多久，但能多久，就多久吧！」

轉眼二十年即將過去，我還能繼續這麼做，覺得非常開心。因為緬甸的NGO工作者出入境時，幾乎無一例外都必須到曼谷去轉機或申請簽證，但即使接受國外組織邀請的緬甸籍工作者，在曼谷停留期間的住宿費會有部分贊助，然而對於收入微薄的他們來說，旅館費還是非常大的負擔。更何況很多人第一次出國，沒有太多現金，更沒有信用卡，對於陌生的大城市曼谷充滿未知的恐懼，曾經有許多次，我聽說同事到達下榻的飯店，不知道怎麼使用床，或是怕把床弄亂會被罰錢，最後竟和衣睡在房間地板上。

因為有一個讓他們覺得安全、友善的「朋友家」可以免費借住，知道去哪裡吃到合口味的東西，介紹他們認識住在同一條街上的同鄉或同行，我看到那些緊張的臉孔慢慢放鬆，驚弓之鳥逐漸恢復自信。

能夠為同樣是ＮＧＯ工作者的這些人做這件小事，讓我非常光榮。

後來，甚至連泰緬邊境的梅道診所志工醫生，帶著在當地無法治療的重症病人到曼谷轉診、開刀時，也不再需要因為沒有預算而被迫睡在冰冷的病房椅子上，可以住進我提供的公寓。我發現自己雖然不見得有足夠的專業可以幫助這些我認同的組織，但是透過提供一些基本住宿，卻可以因此間接給予幫助。

當然，不只是緬甸的ＮＧＯ工作者，如果那些在其他國家、被艱難的現實或ＮＧＯ工作暫時擊垮的人，那些需要沉澱、需要思索、遇到瓶頸的人，無論是老師、和平工作者、流浪動物收容所的志工，還是社運領袖、正在起步的社會企業，甚至是出家人……如果有一個小小的地方可以讓他們待著，換個環境得到他們所需要的休息，或學習新的觀點、新的做法，那該有多好。

我個人的能力，只能做到在曼谷提供這樣的地方，但如果我有一筆額外的金錢，兩億元足夠在二十個城市用同樣的方式，在不同的地方添置這樣的停留站，讓來自各地的ＮＧＯ工作者登記、無償使用、自主管理；另外一半錢則長期作為水電、修繕、管理、稅務之用，在可預見的未來好好經營管理下去，不需要擔心經費的問題。

「為什麼只限ＮＧＯ？難道只有ＮＧＯ才特別需要照顧嗎？」或許有人會這麼問。當然不是這樣，但是因為我自身是一個ＮＧＯ工作者，所以對於ＮＧＯ人不被看見的隱性需求特別注重。並不代表這是唯一的、最重要的事，也不代表這是四億元的唯一使用方法。

如果你有兩百年，你會怎麼過？

第二題太簡單了。我一點也不覺得多了兩年、二十年，或是兩百年，對於我的生活會有什麼特別的影響。因為我走在自己喜歡的路上，過著自己努力想要過好的生活，所以無論時間長短，我都會繼續做同樣的事。

你呢？如果突然多了四億元跟兩百年，會選擇成為一個跟現在不同的人、做著現在完全不會做的事嗎？如果是這樣的話，是否代表你討厭現在的自己，以及現在的生活？那樣的話，不是有點悲哀嗎？

第2回合

給錢能救命，但是要給一輩子，我該給嗎？

二十八歲熱血的小NGO負責人：

我在柬埔寨山區一個小村子裡做教育計畫，教孩子們讀書。我跟村民的感情都很好，最近有幾個村民生病了，跟我尋求醫藥費。雖然這跟我的教學計畫沒有關係，但我是他們認識唯一有經費的人。剛開始我提供了救急的一、兩次費用，卻覺得不斷給錢不太對，可是不給又好像會變成壞人，請問阿北我該怎麼辦，該繼續給他們嗎？

處變不驚的褚阿北：

面對這種兩難，「結果」和「原則」都已經不是最關鍵的事啦！（遞茶）

給，或是不給，如何給？

你的問題讓我想到前陣子有網友留言給五月天主唱阿信：「你害我妹妹去跳海，現在昏迷不醒，我不知道她這麼愛你。她寫信給你，你有看到至少回覆一下。」

無論這個事件是真是假，阿信身為藝人，臉書粉絲群人數逼近三百六十萬人（阿信和阿北，等級未免差太多！）因此時常有網友將之當作「許願池」。阿信偶爾會親自回覆趣味、有創意的留言，但不可能條條回覆。

這個歌迷「綁架式」的不理智舉動，自然是被譙翻，大家應該都會覺得這種人根本不要理他吧？

可是萬一是真的，而且妹妹兩天後死了呢？

網友可能又會大逆轉，責怪阿信明明只要動個手指回覆一下，就能救人一命，為什麼舉手之勞都不願意做呢？

突然，阿信就變成大壞人了。

但如果阿信被迫回覆每一個要脅不回覆就去死的歌迷，其他歌迷又會不爽：「只因為我們沒有說要去死，你就不理我們了嗎？」

所以，現在的你根本就是柬埔寨阿信，你該怎麼辦？

如果不給他們醫藥費，他們會怎麼樣？會死掉嗎？

死掉不可以嗎？

死掉其實沒有關係，因為在你進入這個村子之前，生病死掉對他們來說是很普通的事，你來這裡做的是教育計畫，不是來當有求必應的觀世音或救世主。

但如果給了醫藥費就不會死掉，甚至會痊癒，你可以見死不救嗎？

就像有名的禪師故事——退潮的海邊一個和尚撿起快要乾死的海星，扔回海裡，眾人看了笑和尚：「退潮的沙灘上有千千萬萬個海星，你救了一個，有什麼用呢？」和尚說：「對於這一個來說，卻是生與死的區別。」

所以既然遇到了，你當然應該幫助。可是真的是這樣嗎？如果到最後連原本的教育計畫都因為村人的索求無度而中止了，會比較好嗎？

再說，每一個會好的病，都可以跟你要錢嗎？

一個需要洗腎的病童，只因為他罹患的是屬於「不會痊癒」的疾病，就完全得不到你的幫助，這樣真的有比較對嗎？

又再說，只有生病的人才能得到「好康」，健康的人什麼都得不到，就像其他沒有要脅自殺的五月天歌迷就因此受到冷落，這樣又公平嗎？

給，或是不給，如何給，是NGO工作者每一天都會面臨的困境。

當善意或是愛被綁架的時候，首先必須跳脫的思維，是用「結果」來決定行動。否則你很快就會每天為了應付用愛來要脅你的人而疲於奔命，最後，自己失去了愛。

不看結果，那我的原則怎麼辦？

如果「結果」不重要的話，那麼「原則」重要嗎？

比如說，五月天堅持只在想回覆的時候回覆，歌迷卻因為等不到回覆所以真的自殺了，你認為阿信應該堅守這個原則嗎？

你的教育計畫，對象如果是一個原本就負債累累的家庭，但因為原則問題，你要他們跟其他家庭一樣自籌一半款項，於是你資助的時間越長，這個家庭的負債是不是因此會越多呢？

或者，在沒有錢的時候，違背努力自立的原則，停止到學校上學、上醫院看病，因此而避免陷入無法償還的長期債務中，長久來看，對整體家庭來說，會不會反而比較好呢？

許多做援助計畫的ＮＧＯ都相信，當地的社區應該要有所付出，而不是不停接受施予，所以會施行以工代賑，要求他們用勞動來償還。可是對已經幾乎要過勞死的村民來說，真的應該要求他們做更多工作嗎？

念書對未來比較好、帶著嚴重的殘障或癱瘓勉強活下來比較好，這種城市知識分子的價值觀，在偏遠山區的小村落裡，真的還適用嗎？

這樣到底該怎麼辦呢？

說來說去，結果也不重要，原則也不重要，所以，到底什麼才重要？

我的建議是：釐清自己的心態最重要。

如果你心裡是不想給的，卻因為想做個好人、為了做好事而來，擔心因為不給而被誣賴成壞人，所以動搖。這樣的話，你當然不應該給。有限的資源要用在長期計畫之上，零星給予的錢，無論給多給少，都不會帶來生命本質的改變。

就算能帶來好的改變，卻不再因為給予而快樂，對自己的「心理幸福感」（psychological well-being）也是嚴重的傷害。

然而，如果你的心裡願意打破任何原則，不顧任何結果，都想要給予，那麼，就義無反顧地把原則跟理性丟到一邊吧！這也不難，父母對子女大都有這種情操。只是你必須明白此時的角色，就不再是NGO工作者，而是再造父母。

所以，作為一個NGO工作者，你要當可望而不可及的明星阿信，還是要當不怕吃苦的日本阿信？我不知道你會怎麼選擇，但我選擇成為一個自己喜歡的人。無論給，還是不給，都能在做完決定後立即放下，繼續好好做人、好好吃飯、好好睡覺，做一個精神自由、擁有心理幸福感的人，不輕易被NGO的大帽子籠罩，也不讓愛輕易被綁架。

第 3 回合

救人為什麼不能救到底？NGO永遠的兩難

NPOst 專欄作家 Sonya：

身為香港 NPOi-Action 創辦人，我之前在 NPOst 刊出一篇〈生命無價，生存有價：涼山深處的病危通知書〉，是關於我在四川涼山阿布洛哈村用四千元人民幣（近兩萬元台幣）給一黑小朋友治病的事。

在那之後，我一直糾結的是，這個病是需要長久治療的，但村民沒有這麼多錢。我該如何讓村民不會養成依賴，又不會害了他們，才能持續幫助一黑？

我想過用借貸的方式。比如，每個月醫藥費兩千元，i-Action 資助一千五百元，請他們自己出五百元。但一開始我們可以先代為支出兩千元，待年底他們有收成或可以賣豬時，看一共累計了幾個五百元，再一併還款，這樣是否妥當呢？

很愛管閒事的阿北：

首先，這個專欄實在未免變得太互動！為什麼連其他專欄作者遇到的問題，阿北也要管！

但念頭一轉，這不就是我理想中「農民學校」最棒的共學機制嗎？就像我們在緬甸時都會提倡，不該由從來沒種過田的農業專家來「教」農民，而該由農人之間互相討論，在彼此身上學習。

既然如此，我就來試試看吧！

把程序做對，把金額算對

如果換成是阿北我，我會想辦法做對兩件事：把程序做對，並且把金額算對。

第一件事，我想知道這樣的資助計畫跟 i-Action 的宗旨有沒有違背。

在 i-Action 的臉書，我看到的組織宗旨是：

「i-Action」成立於二〇一三年十二月，是一個行動／計畫／平台，藉廣聚大眾愛心與力量，鼓勵社會不同階層人士也可以力所能及地為人道盡一分力，以生命影響生命。

過程中，沒有施與受，而是透過雙方的交流，分享彼此生命中的擁有，可以是物資、信念、快樂，或是人生故事等。

我的媽啊！這種願景也未免太廣泛！（摔筆）

不過，資助病童確實沒有違背 i-Action 的組織宗旨。

我在緬甸執行的教育計畫，聚焦在讓瀕臨永久失學的非正式教育系統的學童，讓他們能夠完成基礎教育。當時確實遇到棘手的狀況，就是其中一個受到資助的孩子眼力急速退化，如果不立即動手術就會永久失明，但是他們家非常貧窮，不可能出得起手術費，所以請求我們幫助。

眼科手術確實不在學童教育計畫的贊助項目中，但如果不幫助的話，這充滿前途的孩子就要失明了，該怎麼辦？

手術費就像一黑的狀況，雖然不多，要找個捐款者贊助不是問題，但是此例一開，後續的問題才是我們傷腦筋的地方。「畢竟這是一個社區，要用社區傳統的方式來解決。」這是我當時的想法。

經營這個非正式教育的學校，是當地的一間寺廟，寺廟的住持是村子裡的意見領袖，比村長還有威望。這位和尚識字、念過書，跟一般村人比起來見多識廣，又有悲天憫人的宗教情操，所以村人無論鄰居吵架或夫妻失和，都會來找這位住持，甚至來問六合彩的明牌，沒錢時也會拿著金鏈子、戒指來典當借錢，住持還真的就當高利貸，放三分利給村人。

「師父，如果你有錢，你會不會出手這件事？」我問。

「我會。」住持說。

「你會借錢給他，還是會無償幫助他？」我又問。

「這孩子會念書，也愛念書，但是爸爸早就死了，媽媽一手帶大這個獨生子，我如果有能力，會無償幫助他。」

「我知道該怎麼做了，謝謝師父。」我道謝完就走了。

隔天一早，我把這對母子邀請到寺廟裡，當著那些一早就來問明牌、請求開示，詢問家裡大小事的村人，拿了跟手術費同樣數目的錢，在他們面前捐給了寺廟的住持，接著住持轉手，原封不動將這筆錢交給了母親。

因為這錢是「信徒捐給寺廟」的善款，所以他們不用還。可是其他村人也不會因此覺得不公平，因為這筆錢的用途，是由地方上最有威望的人作主的，而不是我這個外人愛給誰就給誰，所以沒有人覺得不恰當。

後來這孩子很幸運地手術成功，恢復視力，回到學校繼續上學。畢業的時候，母子倆還特別請我回到廟裡，當著住持感謝我們組織的幫助。

這樣聽來或許很奇怪，但是要怎麼把不符合組織宗旨，卻有必要的捐款給予需要的人？首先，就是要把這一筆錢變成別人的錢，這個轉手的麻煩過程其實很重要，也會省去未來很多麻煩。

負擔是否合理

第二件事，我想知道受捐助者的部分負擔，是否合理。

這個需要兩千元自付額五百元的計算基礎，我想知道是怎麼計算得來的。如果希望他們養豬賣了豬以後還款，我們真的知道一頭豬要養多久、每個月的成本多少、可以賣多少錢，因此確定這是農民可以負擔的數目嗎？

如果一黑的爸爸，每個月因此要額外多出這筆五百元的負債，我們有沒有配套措施，幫助他增加五百元的收入？

為了這個，我特別做了一點調查。目前大陸的農村或是一些小的縣城鎮，市場上賣的豬大多是農民家裡養的俗稱「土豬」，跟大城市裡有規模的養豬場不同，因為飼料也相對用得少或者不用，所以長得比較慢，飼養週期比較長。養豬場養四、五個月就可以賣，農村可能得養到半年至八個月上下。

但是豬肉每斤的價格基本上是固定的，所以農家養豬週期長，成本相對就高，所以每家也不會養很多，頂多就是一、兩頭。

Sonya 說的這種豬，就是所謂的「過年豬」，鄉下人過年時當作年菜自家加菜用的，沒有對外賣。但是如果要還債，那就要另外多養。如果要多養，就得另外花一筆錢買小豬。

目前的大陸農村，並不是自己養老母豬繁殖，大多數農村家庭頂多只能養到三頭左右的豬，然後另外去買已經長到十多公斤的豬仔。二〇一六年，買小豬的價格漲到了大約一千元左右。根據調查，農村賣豬都是賣生豬，一整頭喊價賣給豬販，一頭一百二十公斤的生豬價格大概在兩千兩百元左右，這就是農民花半年以上養一頭豬，最後拿到的價格。

如果當地人餵豬吃的飼料，是自家種的玉米，或是山上地裡的豬草，那就可以不計算成本。也就是說，扣掉買小豬的錢，農家八個月可以賺一千兩百元，如果養三頭賣兩頭，那就是賺兩千四百元，兩千四百元攤提到八個月的養豬期間，也就是每個月可以多賺三百元。

換句話說，每個月只多賺三百元，卻要還五百元，這是一黑這樣的農家負擔不起的。為了八個月後賺兩千四百元，要先拿出兩千元買小豬，這也是一黑家做不到的。

所以如果換成是我，我會先出錢買兩隻小豬，請一黑家代養，八個月後賣豬的錢，無論多於或少於兩千四百元，都無所謂，就是還 i-Action 賣這兩頭豬的錢，賣得價格多一點、少一點，都不會造成一黑家的負擔，而這八個月的期間，一黑家跟所有的村人，也都會每天看到這兩頭「還債豬」，知道拿了人家錢不是不用還的。

從NGO工作者的角度，計畫的公平性跟合理性固然是重要的考量，但更重要的是，就跟做生意一樣，程序要對，數字也要合理。

巧思引導，賦權社區

此外，為了讓程序順利，我通常會用引導的方式，讓社區去主動思量出要怎麼還，能還多少錢，為了讓他們安心，我也會事先告訴社區，我一定會努力爭取組織支持他們共同商議出結果。社區應該要主動告訴贊助者他們想怎麼做，而不是被贊助者告知該怎麼做。也就是在這樣的過程中，社區對於計畫才會產生擁有權（ownership）。

因為，就算計算出來的數字一樣是月還五百元，但如果是一個相對有錢的贊助者提出，社區就會覺得贊助者很計較，這五百元自付額就是社區多出來的負擔，他們絕對不會想到贊助者是有成本的，只會覺得有錢人真不乾脆，一千五百元都願意給了，為什麼摳這五百元。

但如果最後是貧窮的社區自己提給贊助者這個方法，社區就會覺得用五百元可以賺一千五百元很值得。雖然這需要很多的鋪陳跟繞遠路，但能因此讓社區覺得這個計畫是他們自己提出來的，才會有責任感，也才值得。

「做對的事，把對的事做好。」兩個條件，缺一不可，作為NPO工作者，希望我們都能常常彼此提醒。

第4回合

金錢能否衡量NGO的價值？

二十六歲的學生：

身為捐款人，我該如何判斷我所捐助的團體拿了錢真的有在做事呢？

總是分得清清楚楚的褚阿北：

拿了錢的團體當然有在做事啊！只是做多少事而已。

無法衡量VS.不會衡量

許多NGO都很有潔癖，每年都會請會計師稽核，網站上都有固定徵信，也都會計算他們經費用於實際計畫的比例有多少，但是「有沒有汙錢」跟「做了多少事」確實是兩回事。

ＮＧＯ很忙、很認真，不代表做事有效率，原因在於很多ＮＧＯ工作者從來沒有「符合商業效率的經營管理」的經驗與專長，所以習慣憑著熱情跟直覺在衝撞。每當有人質疑他們為什麼用很多錢做效果很微小的事，就會像河豚遇到危險一樣整個脹起來，充滿防衛性地說：

「我們做的事，其價值是不能用金錢來衡量的！」

才怪啦！（摔手機）

比如說醫療團體，如果派一個醫生遠道從台灣去馬拉威義診兩個禮拜，至少要花十萬元，請問兩個禮拜對於當地一個心臟病的慢性病人有沒有真正的效果？但是同樣花十萬元，卻可以在馬拉威當地訓練、僱用一個三百六十五天都可以在當地駐紮、語言文化還相通的衛教師，不但增加就業機會，效果還好至少一八二．五（？）倍，還可以在當地推廣衛教常識，並且有足夠的錢可以裝設網路，讓這名當地衛教師透過網路跟台灣的志工醫師保持緊密聯絡，沒有生病的村民也可以享用網路的便利。這樣到底哪個「有在做事」呢？

感覺上，這兩種方式都花了十萬元，也都有做事，但是知道如何把錢用在最有效的地方，卻是判斷同性質的兩個ＮＧＯ組織成敗的關鍵。

每次只要聽到ＮＧＯ避重就輕地說「這是不能用金錢衡量的」這種話，我就知道這個組織八成有愛心沒腦筋，通常會很不留顏面地哈哈大笑，戳著脹得快要爆炸的河豚說：

「我看根本是你不會衡量吧？」

難怪我很容易跟好人吵架。（反省中）

第5回合

NPO被迫跟企業合作，缺的真的只是資金？

三十二歲從事老人扶助NPO的工作人員：

最近經常有大企業想來找我們合作，他們想做形象，我們需要資金。但我總覺得這樣的出發點很奇怪，不知道阿北對於NPO跟企業合作各取所需有什麼想法？

真心不騙從不說假話的褚阿北：

奇怪耶，你真的以為你缺的只是資金嗎?!

找回NPO的主動性

我曾經接觸過的一個實際案例，是某個缺資金的環保團體，討論是否應該接受國際菸草商的合作案。

我個人討厭香菸，也不喝酒。但這是否表示我絕對不可以接受菸酒商的合作提案？對我來說，菸草並不等於香菸。實際上，菸草種植已經在目前醫學界培養HIV愛滋疫苗的研究上，扮演舉足輕重的角色。所以作為一個NGO工作者，如果可以跟菸草公司協調，從醫學研究跟疾病管制的角度出發，或是公平貿易、友善農業的角度，我覺得當然有合作的可能性。

這個環保團體，最後還是決定忍痛拒絕，避免帶來組織形象的衝突。我可以理解也尊重主事者的考量，但也讓我開始深思，這個所謂的倫理衝突，是不是絕對存在？

我時常聽到NPO組織的管理階層無奈地說：「因為需要營運資金，只好去標政府的案子。」或是「為了要養人，必須接受企業贊助。」聽了這樣的論點，我心裡真正的OS卻是：「少在那邊臭美了！你真以為你缺的只是資金嗎？」

我們都看過太多非營利組織，認為自己因為「生存壓力」而不得不跟公部門或企業合作，卻始終抱著一種良家婦女被逼良為娼的受害者心態「下海」，欲拒還迎，扭扭捏捏，真的有把公部門或是企業的計畫做好嗎？

我們試著轉換身分，從無論是公部門或私人企業的「客戶端」角度來想——當我誠心找了一個自己欣賞的NPO合作，結果對方在合作案上卻遮遮掩掩，就像媒體在我的文章底下打上「作者言論不代表本刊立場」一樣讓我傷心，這真的是合作夥伴應該有的態度嗎？

如果你媽媽帶你到學校報到的第一天，就跟班上導師強調「這小孩個性是像爸爸喔！我絕對不是這種人！」作為孩子，有沒有辦法繼續愛這個一直想跟自己撇清的媽媽？如果你是老師，會怎麼想這個母親？你會不會說：「矮油，這個媽媽好可憐喲，都是為了生存才會跟個性那麼差的男人在一起，生了一個個性差的孩子，這個媽媽偉大！來！大家為她的犧牲拍手吧！」

不會吧？不會吧！當然不會！（激動）

這根本就不是母親，或是NPO工作者應該有的態度。這種恐懼的態度，大多數來自於台灣傳統的NPO工作者，對於企業運作不了解，也缺乏企業的實際操作經驗。

青島一個大學教授，也是中國知名的部落客蘇美，出版了一本書叫做《文藝女青年這種病，生個孩子就好了》，我覺得可以改成「NPO怕跟企業合作這種病，開過一家公司就好了」。

「因為我有潔癖，受不了當公務員逢迎拍馬的迂腐，在企業上班看到老闆愛賺錢的嘴臉就想吐，所以我只能在NPO工作。」是成為NPO工作者的錯誤理由，這樣的人在NPO也絕對做不好。

當NPO以為自己缺的只是資金，而按照企業、政府的提案與規格，做出了自己不相信也不想要的成果，就像生了一個自己愛不下去、看了就討厭的孩子，有生之年卻天天得要面對，這樣可能會覺得就算活下去，也沒什麼意思吧？

實際上，我就看到很多這種靠著企業資助或政府標案活下來的NPO，活得無精打采，生不如死，過著每天自圓其說的生活。

NPO如果為了生存，整天去看政府公告的標案，或是去談企業贊助的計畫，結果大部分時間跟精力都消耗在做不合自己初衷的工作，當然就失去了NPO的初衷。NPO自身必須有足夠的紀律，不能隨波逐流（就像大多數人不會每年都去找一個不同的陌生人來生孩子），要本著自己的初衷去主動找尋合適的企業跟政府計畫來合作。

「因為我們想要做這件事，但作為一個NPO團體，靠自己的力量無法做到，所以必須跟政府／企業合作」，這才是正當的結合理由！

就跟追求真愛一樣，自己熱情主動地去跟最合適的企業、政府單位提案，而不是處在被動的位置。等著企業捧錢上門，就像捧著錢來家裡提親的男人，不管對方多好，都會覺得自己被賣身，對這樣的愛情充滿質疑。

把異業結盟當作增強功力的大好機會

一個NPO，非常有可能缺乏企業經營管理的效率，包括財務規畫的能力，或是缺乏有效的評量工具，所以會隨便說出「我們這個社區計畫已經推了很久，但社區成員沒有興趣參與，我們也不能怎樣」「現在大環境不景氣、募款非常困難」，或是「花這麼大代價沒有成效也沒關係，因為我們做的事不是金錢可以衡量的」這種讓人一聽就火冒三丈的話。（當然也是因為阿北脾氣比較大）

如果能把跟企業、公部門的合作，當成自己內部培力的好機會，學會如何從別人的立場跟角度來看待自己正在做的事，並且把這樣的合作當成一種學習，讓組織有更強的能力，因此在需要的時候，有能力輕易轉換身分，搖身一變成為一個「好官」（而不是眾人眼中的墮落公務員）。也可以面不改色去經營一家成功的私人公司，或是社會創新企業，游刃有餘，如此才是NPO工作者該有的能力。

NPO工作者，不應該一輩子被NPO卡住，而是有能力可以優遊進出各種領域之間，NPO只是人生中，在一個對的時間、做一件對的事情的段落而已。

要假就假一輩子

企業為什麼要找特定NPO合作，這背後的動機到底是真情或假意，老實說並沒有那麼重要，就像現代人很難想像老一輩經過媒妁之言而成婚的男女，說穿了跟獵人頭公司的買賣媒合沒有兩樣。為什麼沒有經過戀愛的過程，卻可以幸福廝守一生？為什麼一個會輕易跳槽的員工，新東家要相信他的忠誠？

老人家會理直氣壯地說：「愛是可以結婚以後再慢慢培養的。」這句話到底有沒有成立的真實性？當然有，雖然不見得適合每個人。

只要下定決心去愛，時間就會是主要成分。

我在西拉雅國家風景區梅嶺的「梅塢天然有機梅園」，遇到一個有機小農許鴻文，他用青梅做水果醋。他不是為了做水果醋而種有機青梅的，而是堅持用有機種出來的梅子賣相不好，才改將這些又小又醜、都還沒等到成熟的梅子，拿來做醋，結果卻做出最好的有機果醋。

我說這個故事的原因是：為什麼NPO工作者總是要追尋完美、成熟的果子？請記得，如果「有機」才是重點，那麼「不成熟」當然也可以是好時機，「不完美」當然也可以是好原料，但是必須、也只能抓準一個重點。

所以，你的NPO重點是什麼？這個重點有呈現在這個組織做的每一件事上嗎？

更何況，別太臭美，企業並沒有要跟你的NPO終生廝守的意思，比起讓企業愛你一輩子，更重要的是，NPO有沒有辦法提供足夠的好理由，讓就算原本虛情假意的企業或公部門，也願意主動一直做下去。

只要能永遠假下去，能夠讓對方假一輩子，憑什麼說不是真的？搞不好最後怕的反而是你的NPO命沒那麼硬，氣沒那麼長啊！（這是什麼結論）

第6回合

不想捐錢給大型組織，還能捐給誰？

每天都想很多的捐款人：

你好，我一直想捐款，但不知道到底哪個單位才真正需要，而且用在對的地方。我不想看到我捐的錢被浪費掉，也不想捐給已經擁有很多資源的單位，請問有推薦的單位嗎？謝謝！

持續練習溫柔的褚阿北：

捐款只是支持的一種方式，身體力行才是王道！

用你的錢投票！

先撇開NGO這件事不談，作為公民社會的一分子，我相信一句話：「每天，你都用你的錢在投票。」（You vote with your money everyday.）

因為相信特定的理念，無論是有機小農、里山、社會投資（social investment）、社會企業，還是無毒家園……每天，我們有許多機會選擇購買符合我們理念的消費產品，購買投資標的的基金或股票，選擇電費中的綠色能源比例，只吃無重金屬殘留的魚，參加會員制的農場活動，購買鴨間稻種植的米，自己在家試著用樸門農藝的原則育種、種植秋葵，或捐款給協助外籍漁工的非營利組織。

捐款，其實只是這所有「用錢支持自己贊成的理念」其中一種方法而已。

有時候我們會陷入困境。比如說，向強調無毒的商家購買魚蝦，雖然是沒有重金屬殘留的，但我們沒有辦法確定，這些魚蝦是否出自被奴役的緬甸漁工所捕獲的血汗海鮮。又或者，我們雖然認同保護鯨豚的重要性，但如果這個組織因此用我們的捐款去撞沉捕鯨船，造成船上漁民集體溺斃死亡，是不是仍然值得支持？

在這種沒有辦法兩全其美的狀況之下，與其竭盡全力要尋找一個「完美」的組織、或是商家，傾注所有心力於單一對象，日後才體驗失望，還不妨只要有能力，在接觸得到的範圍內，就分散自己的消費，只要是你認同的理念，就用一部分的消費或捐款來支持。

值不值得捐，跟組織大小無關

資源少、規模小的組織，真的比擁有許多資源的大組織，更加有效率嗎？大組織有能力吸引較優秀的人才，或引起更大的社會迴響，所以同樣的資源，如果投入大組織可能會發揮更大的力量，有什麼不好嗎？

如果支持的是一個小組織，我會清楚知道我支持的原因，不是他們跟大組織做一樣的事，而是因為他們關心的面向，是大組織所觸及不到的。比如說台灣雖然有很多跟失智症及長照相關的基金會，但只有「天主教康泰醫療教育基金會」專門針對失智症「家屬」提供支持；在許多跟肯納症（自閉症）相關的非營利組織中，「台灣肯納自閉症基金會」特別強調對於自閉症「成人」的照顧；所有工會組織中，只有「宜蘭縣漁工職業工會」是由在台灣工作的外籍漁工自組而成……

這樣的機構因為特殊性很強，所以規模必然很小，卻值得我們注目和支持。

行動為先

既然開始消費、捐款，無論金額大小，你的身分都會從「旁觀者」一躍成為「利害關係人」（stakeholder），這時候，你更有理由可以開始近身觀察、接觸，從而決定是否該透過更多的集中消費或捐款，或參與擔任志工，來表示對理念的行動支持。

我之所以會這麼說，是因為總有一些人充滿善意，也有能力，但精神潔癖如難搞處女座的他們，永遠在尋找一個「完美」的對象，在找到之前，不願意貿然行動。但就像談戀愛一樣，不是所有客觀條件都符合的那個人，你就一定會愛上，或者萬一對方不愛你呢？萬一交往後才發現對方原來有你沒想過的缺點呢？

只要是人、或多人形成的組織，都會有不完美的地方，但這不會是不行動的藉口。

我總是如此鼓勵嚮往正義的人：「行動為先」。行動，然後不斷地學習、修正。就像學步的孩子踏出第一步，不需要完美，但需要把左腳放在右腳前，不能光用想的。

透過消費、捐款傳達正義的訊息，當然也是如此。

第7回合

每個月只捐一百二十元，不行嗎？

二十八歲捐款人：

阿北，我每月捐一百二十元給育幼院，會不會太少？我覺得很有罪惡感，可是我不想捐更多了。

精神分裂的褚阿北：

每月一百二十元，不但太少，而且太多！（咦？）

一百二十元太少了！

定期定額的小額捐款雖然很值得鼓勵，但成本的問題你想過嗎？（戳太陽穴）跨行轉帳手續費，一百二十元的捐款，每次手續費就要十五到十七元，雖然感覺好像沒多少，但單筆不超過兩百萬的轉帳手續費通通是十五元。每次捐款有八分之一花在銀行轉帳，這……

「可是我都用信用卡啊！」就算是信用卡，你的捐款到捐款單位時，已經被發卡銀行收取百分之二或三的金流費用，雖然銀行超勢利，怕大戶跑掉會收少一點，但育幼院不是大戶（是大戶就很奇怪了呀），應該完全沒有談判空間吧？

非營利組織的募款成本其實很驚人。比如我們常在路上遇到「募款專員」，組織除了要付他們底薪和獎金，還要支付他們的訓練成本，以及辦公室的房租水電、網路平台架設與管理費，再聘用專人處理每一筆捐款，以及捐款授權書成本、定期請會計師事務所作為公正第三方的徵信費等。越小型的機構，這些行政支出的比例相對越高，你匯進去的捐款分攤扣除後剩下可用的金額，搞不好已經不到最初的一半！

以「綠色和平」在台灣為例，雖然網站上說：「每筆捐款都來自捐款人的理念支持，原則上不會有捐款金額限制。」但點進捐款頁面，就會發現定期定額的每月捐款最低其實是五百元起跳！現在保護兒童的「兒保之友」定期定額也是每月五百元（雖然還有「助養人」每月三百元選項，但屬於非特定用途），我們可以說，定期定額捐款在台灣的「最低消費」已經悄悄從每月一百元拉高到每月五百元了！

預算有限但還要用行動支持非營利組織是很讚的行為，但勸你自己每個月存一百二十元在小豬撲滿裡，等存到一年有一千四百四十元的時候一起捐，總可以吧！

一百二十元太多了！

這個問題裡還有一個爆點，讓我比金額更在意，那就是——錢可不可以不要捐育幼院！（大吼）

雖然台灣現行還有六、七十個育幼院，但我還是要勇敢（深呼吸）地說：機構式的孤兒安養早就過時了！（顯示為激進派）

集中教養式的機構崛起，跟世界大戰後突然出現大量孤兒有關，但如果不是這種大型殺戮的戰後重建社會，根本不應該有長期性機構式的孤兒院。

大多數的孤兒，在原本的社區中多少都會有其他親人，只有當這些親人無力再多餵養一張小嘴時，才會將孩子送到孤兒院。所以我們可以說，真正把孤兒送到育幼院的原因，多半不是因為「父母死亡」，而是因為「貧窮」。

育幼院的存在，像一塊磁鐵，把許多原本可以待在原生家庭的孤兒，招收到機構去集中教養，孤兒院之間彼此競爭，越多孤兒，機構越大，意味著能夠用來募款的「人頭」越多，然而各種研究報告和證據都已指出，育幼院越大型、越糟糕。

當然，育幼院的愛心未必不真誠，我想說的是，通往地獄的路，往往是善意的石頭鋪成的。家庭式的照護，才是真正符合效益和時代潮流的方法。

這個時代需要的，是提供原生家庭需要的金錢補助及社會福利資源，讓失去親人的孩子能繼續留在家庭體系裡，而不是將之從原本的家庭、社區中連根拔起，送到遙遠的地方跟完全陌生的人，在脫離家庭結構的機構中成長。

事實也證明，許多這樣的育幼機構出來的孩子，在成長過程中很容易產生發展上的問題，這也是為什麼，過去十多年來我在緬甸進行教育計畫及學齡前兒童發展計畫的主要合作夥伴，無論是「聯合國兒童基金會」（UNICEF）或來自英國的兒童權利保護組織「Save the Children」，都強調傳統機構式的育幼院迫切需要轉型。反觀台灣，卻似乎沒有聽到太多反省和改變的聲音。（還是我沒聽到？）

我們該做的不是贊助育幼院，而是跟育幼院一起努力讓他們從人類社會中消失，變成家庭式的教養。捐款給集中教養式的傳統育幼院，別說一個月一百二十元，一個月一元我都覺得太多！看看「娜姐」瑪丹娜在馬拉威的 Home of Hope 育幼院，就是一個快速從集中型的教養機構，轉型成家庭輔助型態發展機構的好例子。

所以一百二十元捐育幼院真是太多又太少！

第 8 回合

小額捐款到底該不該有下限？

很不認同的讀者：

「每個月只捐一百二十元，不行嗎？」是很有趣的回答，但是很奇怪的邏輯，請問您真的是ＮＰＯ專家嗎？非營利組織的募款成本是固定的，尤其是成本比較高的會計師稽核和專員訓練，如果少了一百二十元還要付出一樣的募款成本，按照您的邏輯，小額募款全部消失的話，組織反而省錢？

長期小額捐款比一次性大額捐款有意義，因為固定小額捐款可以編列長期計畫預算，一次性捐款對於組織來說無法預測，也無法事先規畫如何運用金錢，只能用在臨時性支出上。如果大家都選擇一次性捐款，對於組織來說預算更難做，也很難做比較長期性的規畫。

固定小額捐款對於組織的意義除了錢以外，還有「支持者」的用意。這些支持者代表組織背後的力量，也是ＮＰＯ在做政策推廣或遊說行動時的重要本錢，結果被你說得超沒意義，好可憐。

綠色和平的五百元為底線是募款策略，並不是真正只能捐五百元以上，目的是讓捐款者有一個內心基準。不過你要捐一百二十元他們當然不會說不行啊，不然你可以試試看。

認為捐款應該有下限的褚阿北：

——你的錯，在於不幸接受似是而非、承襲台灣ＮＰＯ組織代代相傳的老古板觀念，老實說我很常聽到。

不只做好事，也要把好的事做對

你說小額捐款比較能做預算規畫，好像對。但我的建議是能夠累積一年分再捐，這樣可以減少雙方成本，每年固定捐一次一千四百四十元，跟每個月固定捐一百二十元，對於組織年度計畫預算有什麼差別？為什麼過小的金額每個月捐一次，比較可以規畫預算？

你可能會說：「因為可能每個月會有幾百個人都固定捐一百二十元，這樣不就很多了嗎？」

錯！

理論上組織越大，接受的捐款越多，平台跟處理金流、物流的固定成本分攤當然就越小，但是從來沒有小到可以忽略不計的地步，這點無論營利事業或是非營利組織都一樣。

以美國超市來說，根據四大國際會計師事務所之一的普華永道（Pricewaterhouse Coopers，PwC）三位資深顧問最近發表的一份報告「為零售業的最後一哩導航」

（navigating retail's last mile）指出，建立一個模型來分析二十三筆美金一百元的超市購買消費，傳統超市的成本是二十一美元，其中十九美元花在人事管銷。如果變成顧客網路預訂後到實體店面取貨，處理一百美元雜貨的成本不但沒有減少，甚至增加到三十二美元。可是如果是純粹的網路商店，成本可以降到十九美元，是三種模式中最低的。

NPO向個人募款，其實本質上就是一種零售，所以小額捐款當然有一旦低於某個金額，就會失去意義的底線。這樣想好了，超市處理一百筆一元美金的營運成本，跟處理一筆單筆一百元美金的店頭成本跟後台成本，當然完全不一樣。就連同樣單筆一百元美金的消費，不同「通路」的成本就有十九元跟三十二元的差別，所以絕對不是「加起來同樣是一百塊」就好。

但是超市會不會拒絕客人買一元美金的東西呢？當然不會。

至於「小額捐款表示對組織認同，本身就很有意義」，身為捐款人，這樣想也未免太抬舉自己了。

舉個例子，這二十多年來，每次只要回台灣，我都至少會去永康街的太興燒臘吃一次飯。有一次，同行的友人不識好歹跟火爆脾氣的老闆說：「褚士瑩在你這裡吃這麼久的飯，真是好客人！」老闆聞言刀子一剁，鼻孔哼氣：「好客人？呸！如果我開店就靠他每年來吃幾次飯，我早就倒店了。」我真是太欣賞這個老闆了！

一個NPO組織也是，無論大小，如果不顧現實地把「認同」當作資產，那麼還是趕快解散比較實際，因為這種不現實的想法，在商業機制下是完全禁不起考驗的。實際上，那種會把「我們做這件事的價值是無法用金錢衡量的」掛在嘴上的人，根本是踩到我的死穴。

如果一個NPO僅靠個人捐款營運來維持，且組織無法精算每次募款進帳一百元的處理成本是多少，也沒有意識到該如何向小額零售業取經，以做最符合商業效益的募款管理，結果只有一個，也應該只有一個，那就是「倒店」。

最後我要說的是，我不是什麼NPO專家，只是一個長期的NGO工作者，我的希望是看到非營利組織不只做對的事，而且把對的事做好。

第

9

回合

想做公益，我該如何選擇捐款對象？

每到歲末年終就突然想做好事的捐款人：

阿北，我平常沒有固定在捐款，但每年快結束的時候，也會覺得該做點公益。想問問，如果想捐錢給ＮＰＯ做公益，捐給哪個單位最好？自己並不是有錢人，能捐的不多，想集中捐給一家ＮＰＯ就好。請問有哪些ＮＰＯ是你覺得做的事情很重要，而且若收到捐款可以很有效率利用的呢？

喜歡用荷包支持好團體的阿北：

捐款是一門大學問，但到底應該怎麼捐，似乎沒有人有所謂的「標準答案」。阿北屬於在ＮＧＯ領域中強調「影響力」的現實派，既然要從影響力的角度來看，我為新的一年想要捐款給非營利組織但還沒辦法決定對象的人，提出五個捐款建議：

捐給影響力大的。

捐給自己最有感的。
捐給自己能發揮影響力的。
捐給自己能受惠的。
捐給自己從事志工的團體。

捐給影響力大的，因為個人的能力很小，不能改變世界

在殘酷的現實世界，規模太小以至無法發揮影響力的組織，你微薄的捐款往往就像小石頭丟進井裡，撲通一聲就消失了，沒有辦法發揮組織真的想要發揮的力量。反過來說，如果你的捐款進入影響力很大的組織，就會變成一股力量洪流中的一分子。雖然每個人單獨的力量不可能讓小兒痲痺從地球表面消失、讓同性婚姻立法通過，但坊間確實存在這種有影響力的組織，可以讓你原本就認同的理念實現。

捐給自己最有感的，才有可能長久

我一個朋友總是在每年母親的忌日，以母親的名義捐一筆固定金額給當時社會最需要的組織，這個以母親之名行善的動力，讓他的捐款行動可以持續。

「我母親在天之靈一定會很高興我這麼做。」每年能夠有一次這麼美好的想法，是多麼超值的安慰。

或者生過一場大病，遇到天災人禍，無論是酒後開車造成的車禍、水災火災震災，還是憂鬱症、失語症，許多人在鬼門關前走過一遭，撿回一條命之後，會決定固定捐款幫助同樣被傷病所苦但無法負擔醫療費用的人。也有些人會贊助貧困死者的喪葬費用、協助遺族的生活照顧、支持與特定疾病相關的醫學研究機構或民間倡議組織、捍衛辛苦的醫療人員工作權益或心理諮商機構等……因為有感於自己的切膚之痛，所以會有動力長期支持、幫助那些跟自己一樣的人，並且感謝自己能幸運活下來。

捐給自己能發揮影響力的，會更有動力

有時候捐款者為了想要發揮自己的影響力，或為了防弊，捐款時會小心翼翼指定捐款用途，結果不但沒有及時幫助ＮＰＯ的需求，說不定還形成困擾。所以如果真的這麼想要有影響力又生性多疑，應該要換個角度，先詢問幾個你有興趣的ＮＰＯ，他們現在最需要的資源是什麼、需要多少，然後再依此選擇自己覺得最認同、也最能使得上力的需求來捐助。如果自己的能力有限，也可以去協助動員身邊可能的捐款者，這麼一來，無論自己的捐款多少，都能發揮直接的影響力。

捐給自己能受惠的，有拿到回饋品，CP值高

我有個朋友因為做生意，時常要送禮，於是他固定贊助一個有機稻米契作組織，每一季收成後按照股份拿到小包裝的有機米，就變成有故事的禮物，也不用再費心去張羅給客戶的禮物，在客戶面前也意外建立起更好的形象，例如關心社會、善良、關心有機農業、注重健康、人美心更美（最後這點是當事人強迫阿北加的）……但其實他只是懶惰，找到兩全其美的辦法而已。

過了兩年，這位朋友參加一個貧困偏鄉少數民族的編織品義賣，覺得這些產品都不實用，設計太醜，實在買不下手，於是靈機一動，乾脆下單請這個NGO用同樣的布料幫他訂製可以裝這些小包有機米的米袋，於是這些有機米又多了一個精美的包裝，以及另一個讓世界變得更美好的故事。而且這些精美的伸縮袋還變成簡單實用、可以反覆使用的旅行化妝包。

另外一個朋友則時常在NGO義賣會的最後一天結束前前往會場，把賣剩的東西整批買下來，當作送給親朋好友各種場合有故事的禮物，也因此減少了NGO庫存滯銷的負擔。

捐給自己從事志工的團體，表示更進一步的認同和支持

美國前總統歐巴馬有一個我很欽佩的原則，就是對於最重要的支持者，他要的不是他們的選票，也不是要他們的錢，而是要他們的「時間」。

對於一個ＮＧＯ來說，如果一個人或一個企業、一個機關團體有令人景仰的專業能力，他們的一小時，比再多的捐款或預算都有價值。一旦你找到一個這樣珍視你的「時間」的ＮＧＯ來擔任志工，你的捐款就同時有了錦上添花的效果，讓組織更珍惜這個志工的真誠與認同。

第10回合

捐款要給「重要」的還是「緊急」的？

不知道要怎麼捐款的小資女：

阿北，我覺得每次只要有天災的時候，就會有ＮＧＯ組織說救災募款會對其他進行長期計畫的機構募款活動造成排擠效應，呼籲捐款人不要只捐給救災單位，對一個捐款人來說，如果手上能夠捐的善款有限，在「重要」跟「緊急」之間，到底應該怎麼取捨？

覺得緊不緊急不是最重要的褚阿北：

首先，你真的知道什麼是重要的、什麼是緊急的嗎？

緊急性VS.重要性

荷蘭NGO組織「Women on Waves」的船隻前往瓜地馬拉，幫助想要墮胎卻因為法律限制，無法在瓜地馬拉進行墮胎的當地婦女，提供墮胎藥，載婦女到公海，或是墮胎合法化的國家進行墮胎。這算是緊急型的計畫，因為懷孕超過十週以上，就不適合墮胎。

至於巴勒斯坦NGO組織「The Roles for Social Change Association」(ADWAR)支持在地女性Nadia Ahmad在以色列占領區「約旦河西岸」（west bank）成立專門為女性顧客服務的女性計程車隊，增加在地女性「行」的權利，就算是重要型的計畫，因為如果沒有人做，也許就永遠不會有人做。

所以你問我捐款到底要給「緊急」的還是「重要」的，就好像問我要剁左手還是剁右手，不是一個公平的問題。

假的「緊急」並不一定不重要

如果這樣還不夠複雜的話，「緊急」其實也有真假之分。有些緊急是假的，有些重要也是假的，到底如何分辨？

因為有時候，「急迫感」是需要被行銷出來的，就好像半夜在看電視購物頻道時，發現要在十五分鐘之內趕快打電話訂購，不然就來不及了，隔天收到奇怪的菜刀以後，卻一點也想不起來當時為什麼會覺得這種事情有什麼好急的。

舉例來說，大多數人提到音樂，都會說是對生活很重要的生活元素，但是在戰後的阿富汗，要成立一所被塔利班政權禁絕的音樂學院，進行斷層許久的音樂專業教育，雖然是重要的事，但從急迫性來說，卻遠遠比不上鋪路造橋；從商業利益來說，也比不上振興社會經濟，所以如果要等急迫的事情都做完了，再來開始進行音樂教育的推動，很可能必須等一、二十年，也就是說，至少二至三代阿富汗年輕人會繼續在沒有音樂教育的環境下生長，到時候就會更加困難，因此公益團體意識到這個「重要但不一定緊急」的缺口，創造急迫感、灌注資源推動音樂教育，對社會就有長期而重要的影響力。

在這個例子中，「緊急」是假的，但是「重要」是真的。可是如果沒有塑造成「緊急」的狀況，搞不好就會等上一、二十年的時間才輪得到。所以很多公益團體（ＮＰＯ）的工作重點，除了少數例外（如救災），通常在優先（緊急）順序上，不會立即得到政府、商業的優先關注，像是環境保護、性別、社會正義、為弱勢發聲等，但是對於社會長期發展卻是非常重要的議題。

判斷計畫是否能成功的十個標準

正因為在「緊急」跟「重要」之間難以取捨，不如跳出這個二分法的窠臼，我贊成捐款人應該要跟投資人一樣，把錢放在成功率比較高的計畫中。經驗告訴我，擁有這十個條件的計畫，通常可以成功：

1．計畫本身具備「策略性的洞察力」（strategic insight）

2．有符合時代需求的「價值觀」（values）

3．主張「人權」（human rights）

4．團隊有「專業經驗」（subject matter expertise）

5．「溝通與表達能力」（communications and representation skills）良好

6．計畫透過「既有的網絡」（existing networks）執行，而非從零開始

7．團隊有「進行研究調查與分析的能力」（research & analytical skills）

8．團隊有「團體合作的能力」（team-work）

9．計畫有讓人想要參與的「個人動力」（self-initiative and motivation）

10．團隊具備「組織能力和判斷優先順序的能力」（organization and prioritization）

一個需要被關心的重要議題，如果能透過這十個標準，讓弱者的聲音能夠被相關的地方、地區、國際層級聽到、並且重視，進而化為可行、不被抵制的行動，通常會得到我的實質支持。

相對的，如果是一個只有倡議的能力卻無法對後果負責的行動，或是運用NPO免稅的優勢經營商業，用不公平的條件競爭，傷害原有利害關係人的利益的所謂「社會企業」，則不會得到我的支持。

因為在我心目中，沒有所謂的「捐款人」，只有相信「正義」這支潛力股的「投資人」。

第11回合

有錢上鋼琴課的孩子，不應該得到營養午餐補助嗎？

很多事都想不通的偏鄉老師：

阿北，我是偏鄉學校老師，也要負責審核補助弱勢家庭。我班上有一個年收入將近五十萬元的家長，以單親的資格申請孩子一學期一千元的午餐補助。可是這位家長同時也遞送孩子鋼琴課的申請書，如果通過的話，每堂個別課就要一千元。我覺得，她如果有錢請得起鋼琴老師，是否不應該申請每週其實才四十七元的午餐補助？我應該要怎麼想、怎麼做才對？

沒有道德潔癖的阿北：

符合資格就該拿補助嗎？誰又能決定該不該給呢？

符合資格就該領補助嗎？

我看到你遇到了一個難解的道德困境。

你很有正義感，認為正義跟資格無關，有限的資源留給最需要的人，才是補助真正的目的，不僅僅是「資格」是否符合的問題。

我認識一個在西拉雅國家風景區做有機咖啡農的郭雅聰先生，他說他很清楚知道自己是一個靠天吃飯的農人，既然靠天吃飯，當然就會有豐收的時候，也會有歉收、甚至血本無歸的時候。所以每次風災、水災之後，就算符合申請補助的資格，他只要覺得自己還過得去，就不會去申請。問他為什麼，他說：

「雖然我符合資格，但是我相信補助應該留給真正需要的人。」

這是為什麼我打從心底敬佩他。

我時常在跟社會福利領域的朋友討論台灣為什麼一直無法像北歐國家那樣，走向令人羨慕的社會福利制度，我覺得有一大半是「資格」的錯。

以英國來說，老人長期照護的社會福利並沒有拖垮政府財政，原因是政府規定當一個老人需要長期機構照護時，政府有權變賣這位公民的動產及不動產，然後用這筆錢來支付這位長照病人自己選擇的安養機構費用，直到他的財產（包括存款跟房地產總值）低於二萬三千二百五十英鎊（約折合台幣一百萬左右），政府才開始用福利金支付長照費用，直到這位公民壽終正寢為止。所以無論這位英國人富有還是貧窮，都能夠做到老有所終。

「這樣的制度，在台灣能夠行得通嗎？」我在好幾個公開場合，曾經這樣詢問在場的台灣聽眾。台下的台灣人每次都哈哈大笑：「絕對行不通！」

為什麼？很簡單，台灣人太「聰明」。

因為聰明，所以如果啟動相同的機制，許多台灣人第一件事就會趕快脫產，把存款跟房子都轉到配偶或是孩子名下，讓自己符合「資格」，可以讓政府全額支付費用。國家財政在很短的期間內，就會完全被拖垮。

所以如果這位家長明明可以輕易付得起孩子的午餐，但只因為「符合資格」，覺得這一千元的補助不拿就「虧」了，以台灣人的標準來說，並不是特別可惡的行為，即使這麼做並不符合道德正義的高標準。

作為學校老師，你應該扮演比法律更高的正義尺度嗎？

如果你的父母符合每個月領老人年金的資格，你會阻止他們領取嗎？

如果自己家裡都無法做到的話，我們要如何規定別人家應該按照比法律更高規格的道德標準行事？

誰能決定誰該領補助？

但從另外一個角度來看，你憑什麼決定這位單親媽媽不應該得到補助？你想當「正義魔人」嗎？

這個社會存在不少所謂的「道德魔人」與「正義魔人」，硬把自己更高的道德、正義標準套在別人身上，如果對方沒有達到這個標準，就猛烈攻擊對方，甚至進行人肉搜索，在網路上公審。

但對於這位單親媽媽，除了她每年收入五十萬，只有一個孩子，同時申請（便宜的）午餐補助，以及（昂貴的）鋼琴課，你對她了解多少呢？你真的知道她的情形嗎？有沒有可能她每天被高額的醫藥費、債務，壓得喘不過氣來？

實際上，這位單親媽媽後來在臉書上看到你的「不平之鳴」以及其他臉友的附和，私下寫了一封如下的信。

老師：

對不起，因爲申請補助造成你的困擾，眞的很對不起。我沒有很指望補助能幫我什麼，也許看所得你會覺得我薪水很高，但是每個單親面對的狀況不同，所得數字我只能說不能完全代表一個家庭的眞實狀況。

小孩從出生到現在完全是靠我一個人請保母顧，讓我在服務業靠業績努力賺，能讓小孩生活好一點。我完全沒有家人資助和幫忙，才會想說申請補助看看，如果造成老師的誤解和困擾很抱歉。

所以，作為老師，看到這樣的正義得到「伸張」，你真的覺得舒坦了嗎？

有沒有可能，這位媽媽每個小時一千元的鋼琴老師費用，就是為了幫助孩子完成夢想，省吃儉用，一塊錢、一塊錢攢下來的呢？

你是不是潛意識中認為，一個需要午餐補助的孩子，要知道自己的身分跟斤兩，「不配」學習要花錢的樂器呢？

如果這個孩子想學鋼琴的欲望如此強烈，寧可不要吃午飯餓肚子，傾家蕩產或借錢也要付學費學鋼琴呢？

如果真的是這樣，身為孩子的老師，有權利讓孩子餓肚子，學習癩蝦蟆想吃天鵝肉的人生教訓嗎？

當然，這也都是假設，畢竟我不認識當事人，無法評斷。但我認為，作為一個擁有權力的人，更要提醒自己千萬別用自以為是的正義感來傷害別人。

有時候，即使出發點是好意，也可能造成對別人無法彌補的傷害。

希望在這個案例中，我們都能學到寶貴的一課。

第 12 回合

老師為了反墮胎向小學生發起募款，身為家長我該怎麼想？

困擾的小三生家長：

阿北，我是一個小三學生的家長。事情是這樣的，我女兒回家說老師要大家捐款，因為老師參加的教會反對墮胎，他們都會去婦產科阻止要墮胎的年輕媽媽，勸導她們改變心意，把她們帶走去待產，提供免費的產後照顧。但是因為有一個小孩是嚴重的先天畸形，婦產科醫生建議趁還來得及時進行流產手術，可是這個老師的教會團體出面勸這位媽媽保住胎兒，現在這個嬰兒一出生就要洗腎，醫藥費跟二十四小時的照顧成本龐大，教會團體根本無法支付，所以在班上進行募款。

我自己本身是人權團體的ＮＧＯ工作者，我不認為這樣的做法值得鼓勵，可是如果班上只有她一個人沒有捐款，我女兒說她在同學間會很丟臉，老師搞不好還會討厭她（她成績本來就已經在及格邊緣了）。我該怎麼做？

褚阿北：

小三生的家長，我想要問你兩個問題——
你認為學校的責任是什麼？
作為ＮＧＯ工作者，當「生命寶貴」的價值觀跟「人權」抵觸時該怎麼辦？

誰有責任要捐這個錢？

首先，我們來想一下學校的責任、老師的責任，還有學生的責任這三件事。

學校的責任是提供學生學習的場所和資源，如果學校沒有開，以至於學生無法學習，或是像我在發展中國家常看到的狀況——空有ＮＧＯ捐贈的校舍卻沒有老師，就像麻雀吃不到穀子，如此學校就沒有達到應盡的功能。向學生募款，是學校設立的目的之一嗎？

「可是透過募款，可以建立孩子的價值觀，變成善良、懂得助人為樂、願意分享的人，這不是學校的隱性功能之一嗎？」或許有人會這麼說？我聽你在放屁！難道除了向學生募款要錢，沒有別的辦法可以讓學童建立這些價值觀嗎？

再來是老師的責任。老師是「傳道、授業、解惑」的使能者（enabler）。在定義上，使能者就是一個「運用自身擁有的專業知識和技巧，調動服務對象自身能力和資源、發揮其潛在能力，使其有效改變的社會工作者」。募款，是機構募款工作者的專業，老師的專業知識和技巧應該不在募款，所以這位老師在教學的場域做不是他的專業的事，說得好聽一點叫做「雞婆」，難聽一點叫做「失格」。

最後是學生的責任。台灣的學生可能會反射性回答：「我現在的責任就是把書讀好！」但什麼叫做把書讀好？是每次考試考一百分、滿級分嗎？如果每科都滿分，卻在校園裡虐貓、在捷運上砍人，這樣算是把書讀好了嗎？

想一想就知道，學生的責任「把書讀好」，其真正的意思不是把考試考好，而是「學習」。學習的對象包括教科書、考試需要的內容，當然也包括學習做人、學習做事。對我來說，在任何資訊其實都可以在短短幾秒內透過 Google 查詢、計算的時代，比記憶背誦任何知識都更加重要的，是學會「學習的能力」，以及如何具備「獨立思考」的能力。一旦知道怎麼學習、怎麼思考，未來的人生無論遇到什麼情況，都知道該怎麼面對。所以如果一個學生不想學、對學習的重要性不能理解、得到了對的答案卻做了錯的事（想法跟行動脫鉤），就是沒有盡到學生的責任。

從頭到尾，「捐款」都不在學生的責任中。

所以倡議反對墮胎、為先天畸形的嬰孩募款，這些事無論如何都不能算是學校的責任或老師的責任，也不是學生的責任。允許這麼做的學校，是失格的學校；發起這件事的老師，是失格的老師；沒有思考就照做的學生，是失格的學生。連帶的，如果因為怕孩子在學校被孤立，所以沒有勇氣面對，甚至不知道如何面對的父母，就可說是失格的家長。

所以我很高興你願意面對、深入思考這件事，而不是隨便合理化，讓自己跟孩子一起接受一件不對的事。

募款，不該是為不負責任的人負責

另一方面，我也想討論這位老師發起的募款對象與行為本身。

心理學家唐映紅的專欄最近有一篇文章，標題是〈不揮霍善也是一種教養〉，裡面舉了一個類似的例子：上課的時候，有一個擔任學生會幹部的學生，想要借用上課中的五分鐘時間，呼籲同學們積極為一位學生罹患白血病、家境清寒的姪女募款，籌措醫療費用。看清楚，不是學生本人，而是學生的「姪女」。

唐映紅說，他決定這個學生會幹部不能擁有他課堂上的五分鐘。雖然他也肯定學生的無私熱忱與純樸善良，但是有三個重要的原因讓他否決——

絕大多數學生並沒有經濟獨立，是靠著父母的經濟支持，甚至本身就來自貧困家庭。不是自己能力賺來的錢，沒有資格捐。

「幫助」應該有遠近親疏，「我們力所能及的善意應該遵循先親友、再熟人、最後陌生人的順序。」所以學生本人，或是學生的父母可以，但姪女關係未免太遠。

募款不應該是一個輕易啟動的緊急機制，否則就會變成「會吵的孩子有糖吃」。二〇一五年一群台大學生為了自己要登山就跟社會大眾募款，所犯的最主要錯誤，就是輕易啟動了應該在最緊急時候才發生的援助機制。

回到你所面臨的例子，同樣犯了這三個錯誤：

1.不應該向沒有經濟能力的人直接募款：

小學生沒‧有經濟能力，向小學生募款等於向家長直接募款。如果是這樣的話，這位老師應該直接聯絡家長，不該向沒有經濟能力、也缺乏判斷力的小學三年級生募款。

2.募款對象跟援助對象關係過遠：

老師要募款的對象，是他自己參加的宗教團體所進行的一項計畫中的一個個案。這件事情距離這位老師的學生或家長太遠，要求這些沒有直接關聯的人直接援助，並不合理。如果家長還必須考慮不捐款的後果，怕自己的子女在學校受到老師的不友善對待，那麼這個募款活動的本質，可說是直接傷害了師生與家長間應該要有的信任關係。

3.募款，不該是為不負責任的人負責：

雖然我一直雙手贊成「真正的善良，是有能力關心跟自己無關的事物」這個準則，但這件事情背後，包括了宗教組織的特定價值觀（反墮胎）。這個嬰兒的出生，是在違背醫療專業人員的建議、擅自給予承諾之下所造成的，在沒有經濟能力面對的前提下勉強提出做不到的承諾，等到面臨殘酷現實時才緊急動員募款，這很有可能從一開始就是一件可以避免的事，甚至可能根本違背當事人（嬰兒）母親的個人自由意願。然而，最後卻要透過募款，來讓其他本來就沒有為「反墮胎」理念背書的公民負起財務責任，這本身就是不負責任的做法。

所有我認為「對」的事，都可以去做、去募款嗎？

現在讓我們退一步想，什麼才叫做「對」的事情？

你在做你認為對的事，你認為選擇墮胎是一種人權，除了醫生的建議外，在足夠的心理分析師、社工師的參與下，墮胎可以是一種正確的選擇。

但是別忘了，這位老師跟他的教會團體，也在做他們相信對的事。他們反對墮胎，相信這是個鋪天蓋地的普世價值，沒有例外，就算女性是因為被強暴，或是胎兒嚴重先天畸形，也都不能墮胎，不然就是殺人凶手。

只是「相信自己在做對的事」，只要是對的事，大家當然就要一起來做，這是個不合邏輯、也不負責任的說法。因為「對的事情」並沒有絕對的定義。覺得自己在做對的事情，因此對別人造成傷害，這傷害並不會在法律上就免除責任。

舉例來說，覺得安寧病人活得很辛苦，所以一個安寧病房的醫護人員，可不可以趁著夜班將病人的插管通通拔掉，或將病人用枕頭悶死？只因為他相信這樣可以減少或縮短病人跟家屬的痛苦？這位醫護人員是否能因為「不忍心看到病人受苦」的動機，就能免除蓄意殺人的刑事責任？

如果不分青紅皂白，只是為了自己覺得對的事情就公開勸募、期待社會伸出援手，並且積極、踴躍地予以捐助，非但不是一件值得鼓勵的事，甚至應該要被阻止。

這就是為什麼，我認為在一個成熟的公民社會裡，「勸募」這樣的活動，原則上不應該由個人發起，應該由專業的ＮＧＯ，以有組織、有計畫的方式長期進行。無論是醫療、賑災、宣導，還是救援，除了少數的情況（比如福島核災），大部分都應該是可以預期，也可以放在組織宗旨與長期財務規畫裡完善進行的。

由專業組織出面的最大好處，就是有人可以負起責任。

一個學校老師在自己的班上募款，雖然老師可以將募款的金錢交給相關的工作組織，但這位老師並不能、也不應該為這個嬰兒的生命負責。如果一個個人或一個組織，不願意負責，或無法負責，就不應該進行募款。

行動必有後果。募款就是一種行動。不能為後果負責的行動，就是不負責任的行動。

下次再有太過「隨便」的募款活動時，或許我們可以這樣提醒自己。

第 13 回合

募捐物資到敘利亞難民營，有什麼不對？

有愛心又熱心的民眾：

阿北，我即將啟程前往希臘，希望能替敘利亞難民營的小朋友們盡點力量。因為我是上班族，在ＩＴ業當ＰＭ，因此這次沒有參加任何組織的活動，但有聯繫了當地兩個ＮＧＯ（VoluntArt 和 En Red SOS Refugiados），他們持續給了我一些行前的建議。我想到或許可以在自己的臉書牆上問問朋友們，是否有不要的 baby 衣服鞋子和給小朋友的文具等，我可以一併帶過去。

沒想到，一夜之間我收到來自各方的訊息和關心，都希望能捐物資去幫助這些孩子們，因為我沒料到會有這麼多人響應，現在正在煩惱我一個人有沒有什麼方法能將這些物資都運到雅典的難民營去。

冒昧寫信給你，想著走遍世界的你或許知道一些資源或能給我一些建議，協助物資的運送。我預計去兩週（小小上班族的年假一次全用光也只有兩週）。

理性勝過愛心的褚阿北：

恭喜你做對了幾件事。但你可能忘了衡量清楚，這些物資的意義有多大？

很多事情不要自己想像

首先，我要恭喜你做對了四件事情：

你證明你擁有真正的善良，因為你擁有關心與自己無關事物（敘利亞難民）的能力。

你相信自己不透過組織，也有著改變世界，讓世界變得更美好的力量。

你聯絡了當地ＮＧＯ了解真正的需求，而不是從自己的想像出發。

你能從「試錯」的過程中學習，而非從自己的角度想像別人的需求。比如我看到你在臉書上說——

> 前幾日從志工組織那裡得知目前最需要的是小 baby 和小小孩的衣服（三歲之前），還有婦女的內衣褲（我之前想過要帶糖果給小朋友們，結果被告知不要再帶零食糖果過去，因爲會造成小朋友蛀牙問題，之前還有小朋友痛到要急診送醫治療的）。

這是一個很棒的反省。

但是作為NGO工作者，我相信只要不斷檢討改進，永遠有更好的做法。你說目前物資運送的方式，打算利用郵局國際快捷寄到荷蘭高中同學家（一箱二十公斤約五千三百元台幣，預計寄三箱），再從荷蘭郵局寄到希臘。因為飛機行李超重每公斤要付三十五元美金（甚至更多），這樣的運費都可以直接在當地購買更多物資了，所以不考慮。因此可以假設，你最多帶六十公斤的物資，光是兩段國際郵費加起來，很容易就超過台幣三萬元，也就是說，每公斤物資光是運送成本就要五百元台幣。

我想問你的是，你每公斤的物資，真的有花五百元台幣以上運費的價值嗎？如果有的話，那會是什麼物資？

從對方NGO組織的回應看來，他們列出兩類共十項需求：

內衣

鞋子！！！！

頭巾

鉛筆盒

筆記本

繪圖本

空白A4影印紙

膠水

文件夾

另外還有一個單獨對話列出奶粉的需求：一至五階段的成長奶粉各二十罐（共一百罐）

如果針對這十項難民營的需求，請問我們應該提供什麼，如何提供？

1. 哪一項是別人最需要的？

哪一個最重要？很簡單，對話當中「鞋子」後面有四個驚嘆號，顯示這是他們最缺乏的物資，如果資源有限或有行李限重的問題，當然是以別人最需要的作為募集主要標的。

2. 確定沒有誤解別人的意思

比如說 Headscarf 在這裡一定不是普通的圍巾，而是穆斯林女性專用的頭巾，如果你誤會了，帶了一大堆台灣人用的圍巾去，不但誤解他們的需求，也完全不會帶來幫助。

3. 確定符合經濟效益

這十項物資當中，請問哪些真的值得花每公斤超過五百元台幣送到希臘？在我看來，一項都沒有。所以如果在免費的托運行李範圍內，或許有意義，但是請問你在台灣會願意買每公斤加上五百元運費的奶粉嗎？而且如果你的做法只是用郵局分兩段先寄到荷蘭，再寄到希臘，為什麼不直接從台灣寄到希臘的難民營就好了？有任何需要你本人去的理由嗎？

4．當地買得到的物資，即使貴一點也應該在地購買

如果改採募款的方法，在荷蘭或希臘當地買奶粉、筆記本、影印紙等這些當地的需求，不但可以減少運費，也可以幫助在地經濟，讓當地跟難民關心緊張的希臘社區，感受到難民帶來活絡當地經濟的好處。因為希臘當地難民營所在社區，家長強烈反對難民兒童跟自己的孩子一起上學，說難民很髒有傳染病，又說會破壞當地純正希臘文化，關係非常緊張。如果當地居民能感受到難民為他們增加了收入，這種對峙說不定就會因為你的消費而減輕。

5．哪些物資值得從台灣運過去？

我們可以想想，台灣可以募集到的物資，哪些體積小、重量輕、數量又多，而且一般台灣人家裡有？

我舉個例子，台灣無論補習班或候選人都會印很多醜醜的「文件夾」發送，這些東西每個人家裡也都有，比起筆記本、膠水、Ａ４紙這些在當地可以用錢買的便宜東西來說，如果一定要用行李的免費額度攜帶一些物資的話，這幾項是比較合適的。小孩的內衣，鉛筆盒也是。

要將物資帶到六千英里之外，每一樣東西都要有非耗費這麼多碳足跡千里迢迢運輸不

可的好理由，是不是當地非常需要，但買不到的東西？還是當地買得到，但價值很高買不起？如果要插電的，會不會有電壓跟插頭形狀不合的問題？這些細節都要許多經驗慢慢累積，不斷試錯。

比如衣物厚重，只適合近距離自己開車可以到的地方在地募集，值得飄洋過海的物資，價值要夠高，比如智慧型手機，但是捐助前必須一台台確認電池完好，手機還原設定成英文。但是在這當地組織列舉的十項需求當中，並沒有手機這個項目，所以不需要自作聰明，捐助自己認為對別人有用的東西。

切忌隨便募，別人隨便捐，你隨便帶，這樣的話除了自我感覺良好之外，意義不大。

6. 物資比捐款更有意義嗎？

當地ＮＧＯ列出來的物資雖然重要，但是一看就知道這些都是只要用錢就可以在當地輕易解決的，意味著你千里迢迢募集的物資，能帶來的價值非常低。

如果要帶來有價值的幫助，必須是針對在地無法自行解決的問題，比如當地人對於難民的種族歧視，或是嚴重的衛生問題、缺乏教育權等問題。

捫心自問，作為一名台灣上班族，有能力或專業協助解決這些問題嗎？如果沒有這個解決問題的能力，就捐款給可以解決這些問題的關鍵組織，然後持續倡議關心，定期將募款寄到難民營去做指定用途（如教育）、或不指定用途（機構可以統籌運用），會有更好的效果。

捐助除了要有美意，還要配合好的做法。

如果這些都做不到的話，直接帶著捐款跟眼睛去就好。當台灣人的眼睛，帶回第一手的資料跟照片，讓所有從台灣媒體上看不到敘利亞難民營現況的台灣人，有一個直接了解、直接捐助的管道。

或許這一趟去了以後，才是真正的起點，確實了解需求了，回來才知道可以從台灣人的角度，提供敘利亞難民真正需要的幫助。

也謝謝你的行動力，讓我們有機會檢視這個重要的議題！回來以後記得跟我們分享透過這一次行動學習到的功課。

第
14
回合

用可愛又可憐的孩子照片募款，真的比較有用？

二十八歲NPO工作者：

我們組織經常喜歡用小孩子可愛或可憐的照片來吸引捐款，這讓我覺得很反感。除了肖像權的問題，我覺得這樣並不會讓捐款人對我們有更深的認識，也沒辦法突顯我們跟別家同類NPO有什麼不同。想問阿北，好的組織行銷應該怎麼做？

情感豐富的褚阿北：

別把別人當工具，但可以把自己當工具！

別把人當工具！

我曾經經手一個海外孤兒貧童的贊助計畫，很快地我就發現，在配對贊助人與被贊助人時，那些笑容特別可愛的小朋友，會被贊助者優先挑選。

其次，是照片中看起來特別瘦弱可憐、或衣衫襤褸的。

最後，會「剩下」一些不討喜的，多半是看起來愁眉苦臉的，凶巴巴的，胖的，或是皮膚特別黑的。

當時一批小學一年級生中，有個十八歲的少數民族青年，一看就是個早熟大人的樣子，喉結很突出，也長了鬍子。我知道比起其他六、七歲，未來還有很多機會的孩子來說，這可能是他這輩子最後一次能夠上學認字的機會，但是他一直沒有被任何贊助人在「芳名冊」裡欽點，於是我拿著他的個人資料去遊說，沒想到那些平時慈眉善目的愛心媽媽，此時眉頭一皺，嫌棄地說：

「這個一點都不可愛，我才不要！」

「你再幫我找一個年紀小小、可愛一點的，最好是女生，這樣我一定贊助。」

此時我就算費盡唇舌，強調十八歲比六歲更需要上學機會，也不會改變贊助人的成見。

經過這次的經驗，我再看到那些用「可愛」或「可憐」作為訴求的募款行銷廣告，就再也不能說什麼了，畢竟這反映的不完全是組織的價值觀，而是一般民眾的價值觀、你我的價值觀。

其實不只是人，同樣的成見也發生在我們看待動物的歧見上。動保團體在棄養動物的特性中歸納發現，黑色的貓狗特別容易被棄養，英國每日郵報在二〇一四年秋天甚至引述英國RSPCA流浪動物保護機構的統計，發現在他們的中心一千隻被棄養的貓中，有百分之七十是黑色的。原因很簡單，在社群媒體跟自拍成為主流以後，寵物主人發現黑色的貓狗在照片上「黑黑的一團、不討喜」，沒什麼人會按讚，所以就遷怒在黑色的寵物身上。

所以「鬥窮」「鬥慘」「鬥可憐」，就變成了募款行銷策略當中，為了博取捐款者的同情，不得不灑的狗血。

在《貧民百萬富翁》（Slumdog Millionaire）這部以印度貧民窟為背景的電影中，乞丐頭目用燒紅的湯匙將乞兒的眼睛挖出來，以博取路人的同情，看到這裡我的心都揪起來了。

從慈善機構募款的觀點，總是需要畫面「看起來很可憐」，否則不會讓人想要捐款，但這究竟是誰的錯？

當我們理直氣壯地說：「好手好腳幹嘛在街上乞討？」其實，上街頭乞討的原因很多，就像誰有資格坐博愛座一樣，許多影響工作能力及社會接受的障別以及疾病，不是一眼可以看出來的。可是，如果我們產生同情的必要條件是膚淺的直觀「斷手斷腳，最好還要瞎眼」「斷得越多、給得越多」時，或許我們才是讓一些乞兒失明、讓他們的眼珠被火熱的湯匙挖出來的間接凶手。

我也知道有NGO工作者，為了募款，特別要求村落的孩子穿得很破爛來拍照的。這已經不是「手段」，而是「霸凌」。

在我心目中，一個好的募款行銷，不能一直往人性的陰暗處深掘，換取廉價的同情，在購買「可愛」跟消費「可憐」之餘，可以的話，請NGO組織多花一點唇舌，想想如何幫助捐款人看見正面的價值。

如果你跟我們一樣，相信教育是人權，知識是力量，學習不分年齡，請把握機會，讓那個超想上學的十八歲少數民族青年可以讀書，讓自己成為一個enabler（使能者）吧！

把自己當「工具人」又何妨？

可憐的確是一種有力的工具，就像石棉也曾經是一種有力的工具，借酒澆愁也是，但並不代表就是最好用的工具。

最近一個週末我在曼谷，一個不會說泰語的菲律賓同事請我陪她去假日市集找專門掛手工編織品的傳統木架子，因為她要找的東西實在太獨特了，需要會說泰語的我幫她忙。費盡許多唇舌，就在快要放棄的時候，我們終於在第十七區專門賣木工藝品的小店，找到她要的東西。這時，個子矮小的店員很快湊過來，一語不發地比手畫腳拿著計算機，把價格打給我看。

「為什麼不用講的呢？」我心裡有些厭煩，他不試試看，怎麼知道我會不會講泰語？雖然在曼谷住了十幾年，卻總是被當外人看待，實在是受夠了。

於是我冷淡地說：「你可以跟我說泰語。」只見他眼神茫然地看看我，還是沒說話，默默退到旁邊去。

剎那間，我突然發現一件殘酷的事實：真正輕易看外表就歧視別人的，並不是那個店員，而是我。他之所以沒跟我講話，不是因為歧視我是外國人，而是因為他是啞巴。

我真可惡。因為一直想著自己的感受，卻沒有顧慮到別人的現實。

這一天，我的心裡充滿了懊悔。

我想起一年前有個住在中台灣的高中生讀者，曾經私訊給我分享她的故事，她說自己本身是新移民二代，母親是來自柬埔寨的外籍配偶，她從小就知道媽媽不是台灣人。懂事以後，閱讀美國族群史相關的書，發現自己原來就是書中所謂的「second generation」

（移民第二代），就開始特地陪媽媽去吃越南餐、特意去越南阿姨開的理髮店剪頭髮，還有事沒事坐在火車站附近有移工聚集的區域，想著自己的身分，還有人們究竟如何界定別人的身分這些複雜的問題。

「無論我怎麼做，做多少，卻總有想了解更多，但沒辦法進入的感覺。」她有些無奈地說。

原本就已經很複雜的認同問題，有次跟家人一起看粵語發音的港片後，出現了另一個逆轉。

高中生發現，原來母親竟然是來自柬埔寨的廣東人，原生家庭在柬埔寨原來是說廣東話，而不是柬語，所以自己不是「移民第二代」，而是「柬埔寨華僑移民的後裔」。兩年前，她「回」柬埔寨探望親戚，結果發生了另一個衝擊。因為不會說廣東話，所以只好從頭到尾坐在一旁微笑，結果被親戚問說是不是啞巴，不會講話。

那次以後，她發現把自己勉強歸類到新移民二代實在太牽強，情感上自己終究是不折不扣的台灣人。但如果以台灣人的角色要為新移民議題發聲的時候，又嫌沒力道，所以這時候，又要站在「新移民二代」的角色，聲音才會被聽到。

但是，這真的能解決問題嗎？萬一高中生真的是啞巴呢？

從「身分」的角度來看，這兩個故事到此為止出現的四個主角，可以說沒有任何共同點。

一個不會講廣東話也不會講柬埔寨語的柬埔寨華裔外配子女。

一個不會講泰語的泰國聾啞人士。

一個無論在泰國住多久也學不會泰語的菲律賓人。

一個就算會講泰語也不被泰國接受的台灣人。

身分完全沒有交集的四個人，站在熙來攘往的世界上，我們都是寂寞的，無解的。除非，我們可以脫掉「身分」的束縛，努力去找到我們四個人之間的公約數，重新去想我們的共同點。

我們的共同點是，我們都失去了聲音。

我想起自己之所以加入在美國華盛頓工作的NGO組織，其中一個最重要的原因是，這個組織的主要使命之一就是透過培力扶持公民團體發聲，「讓每個弱勢者都能讓自己的聲音被聽到」。

身為一個在線上的NGO工作者，我不喜歡很多非營利組織自詡「幫」弱勢發聲的概念，因為實際上，沒有人真的能為別人說話。就像我不能只因為啞巴不會說話，就幫他說，因為我說的並不是他自己的話語，空有善意，是沒有用的。

我認同的是，創造出一個友善的環境，像是一台擴音器，「確保」弱勢者的聲音有被公平聽到的機會。就算別人能夠幫我們說話，不是出於自己的口中，無論多大聲仍舊是啞巴。而我們自己的聲音，無論多麼微弱，只有自己站起來、說出來，才有意義。

只有失去過自己聲音的人，才知道發聲本身有多麼可貴。

如果你自己就是弱勢者，請你隨時準備好你要說的話，因為世界上沒有人能夠、也沒有人應該為你代言。

如果有一天，我們有一點能力、影響力的話，一定要記得，千萬不要「幫」弱勢發聲，因為那是一種極大的傲慢。但我們可以當講台，讓弱者有踩腳的地方，站在足夠的高度被看到；我們可以當翻譯，讓弱勢者的聲音被聽懂；我們可以當擴音器，讓微弱的聲音被聽到。

每個人在某個層面都是弱勢。去討論誰比較弱勢，是沒有意義的，只會陷入為爭奪資源而「鬥窮、鬥慘、鬥可憐」的傳統援助救濟窠臼。學習從自艾自憐的情緒中抽離，從競爭式的思考中跳脫出來，才能開始讓自己變成一個更好的人。

如果說，這因此讓我成為所謂「工具人」，那也無妨，這樣的「工具人」在我眼中，才是世界上最棒的全職工作。

PART 02

我想做好事

所以

在 NGO 工作，就等於是志工嗎？
志工的光環，來自於「沒有拿錢」，
還是在於服務的品質？
花錢去當國際志工，意義在於把自己獻給世界，
還是給自己一個美好的經驗？

我想當志工

第15回合

當一個志工之前，先當一個「人」

三十八歲服務中的海外志工：

我是一位正在海外服務的志工，服務性質以小孩及婦女的健康、教育及兒少保護為主。在接觸偏鄉民眾的過程中，常常遇到超過合作單位援助或服務範圍的個案，此時心裡會矛盾和掙扎。想請教你之前遇到類似經驗時，如何在心理上或行為上克服？

很喜歡管閒事的褚阿北：

你的「客戶」是誰？你對「誰」負責？你是否對自己失望？

你的「客戶」是自己、案主，還是贊助人？

台灣ＮＧＯ很容易把「客戶」對象，設定為拿錢出來的贊助單位，因為傳統上我們有著「出錢的就是大爺」這樣的想法。這也是為什麼那麼多的非營利組織會靠政府標案來維持生存。然而當標來的計畫案，跟組織原本要發展的主要方向並不一致時，卻不知道該怎麼辦。

另一方面，ＮＧＯ工作者也往往將協助的個案當作「客戶」，以至於時常站在案主的立場，跟自己的組織起衝突。比如說，一位ＮＧＯ同事曾經派駐泰北，組織的設定是協助華裔子女後代的華文教育，但實際派駐至現場工作兩年後，他非常確定當地真正需要幫助的弱勢族群並不是華裔，而是當地的其他少數民族。在沒有辦法說服組織改變方向的情況下，他雖然為了生計還留在組織，但決定自己向其他國際ＮＧＯ遞募款企劃案，來籌募這個部分的資金。

過了幾年，這位同事覺得自己跟組織的理念越來越遠，組織的董事會對於幾乎完全脫離掌握的計畫，也產生許多疑慮。於是他索性離職，在力所能及的情況下，建立了一個小型的教育機構，自然而然放下原本的華裔元素，將實際的管理跟運作，交給當地社區直接負責，自己單純轉為募款人的角色。

這個時候開始，他承諾的對象變成了「自己」。

回想八仙樂園事件後，台灣社會醫病關係劍拔弩張。傷者家屬出於對家人的愛，將壓力加諸在醫療人員身上，對醫療人員的每個小細節都用放大鏡檢視，甚至在換藥或病情解釋時，像蒐證般的錄影錄音，這些行為都讓醫護人員身心俱疲，救人不成還會被告，這種仇醫的態度會不會造成以後沒有醫護人員敢幫助病人？

這個問題的答案，並不是掌握在衛福部的官員手中，而是這個第一線的醫護人員，設定的客戶究竟是傷者、傷者的家屬，還是自己。

所以不只是海外志工，從事任何一份專業工作，你設定承諾的對象（客戶）是誰，就決定了你的立場。

你是對社會失望，還是對自己失望？

我在緬甸的教育計畫中，碰到過一個棘手的狀況。

有一個NGO指定贊助我們支持的學校治療學童的頭蝨，但實際上一點幫助都沒有。因為就算治好了，住在同一個屋子、睡在同一張床上的家人也有頭蝨，卻沒有受到治療，無論投多少藥，還是會不斷重複感染。但因為這個教育性質的NGO宣稱他們的贊助人不會允諾他們以「家庭」為單位進行治療，只能以「學校」為單位，否則會「超出業務範圍」，所以這個原本善意的計畫，就完全流於形式。

換成是你，你會怎麼辦？

我想起一個在美國的醫生朋友告訴過我，他在印第安部落當巡迴醫師時遇到的狀況。

「當時有個小男孩得了C型肝炎，不符合一般會罹患C型肝炎的年齡，我就合理懷疑是不是有可能這孩子遭到性侵，於是開始進行家訪，發現這個孩子住在狀況很不好的貨櫃屋裡，父親是愛滋病帶原者，我因此向州政府社會局申請調查。作為一個醫生我不需要做這件事情，但作為一個人，這是我應該要做的。」

說這個故事的，是我的好朋友小杰醫師，一個在阿根廷長大的台裔美國醫生。雖然我不是醫生，但是我想我完全理解他說的。

今天我的專業工作範圍是緬甸的NGO工作者，但是如果我在台灣知道有菲律賓漁工需要幫助，我絕對無法原諒自己說出「很抱歉，這不在我的業務範圍內」這種話。

我們之所以選擇一份工作，其實不是對僱主做出承諾，而是對自己做出承諾。一個真正的專業NGO工作者，遇到社會需要自己的時候卻不願意出手，其實不是對社會失望，而是對自己失望。

如果無法做出這樣的承諾，你可能沒有真的那麼在乎你在做的事。

第
16
回合

想透過當國際志工認識世界，不可以嗎？

困惑d大學生：

〈大學生參與國際志工〉的那篇文章充分表明我現在的情況。

想參加國際志工前，一定要在台灣做志工嗎？難道這樣才有資格做國際志工嗎？我參加國際志工不只是幫助他人，我其實滿想了解當地的文化，但家長總對偏僻地區有許多危險與未知的想法，拒絕小孩做國際志工。國際志工真的會遇到許多危險嗎（例如印度）？

年紀越大越沒耐心的褚阿北：

沒有什麼是一定的啦！但結果要自己承擔！

什麼叫做「一定」、什麼叫做「可以」？

參加國際志工前，「一定」要在台灣做志工嗎？

這位鐵齒的大學生（人身攻擊）那我問你：「想去國外念電機系以前，一定要在台灣念過電機科系嗎？」

大多數人都會回答：「當然要。」

但因為你很鐵齒（是嗎），所以大概會回答：「有當然最好，但沒有一定。」

老實說，我並不反對你的答案。

驚訝嗎？事實上，我身邊確實有位中文系畢業的朋友，後來選擇到澳洲去念建築研究所，還果真拿到了學位。但因為他不會畫圖，所以不能做設計；因為不懂建築，所以也不能做建築評論。他熱心的指導教授，最後幫他找到一個論文方向，是專門「評論別人的建築評論」。

拿到了這個奇妙的建築研究所學位之後，不會畫設計圖的他，你覺得他「可以」蓋房子嗎？

或更重要的是，你願不願意冒險讓自己跟家人，住這個只評論過別人建築評論的建築師，親手蓋出來的第一間房子？

「志工」是一種資格嗎？

我這位念建築理論評論的朋友，拿到建築碩士以後有沒有蓋過房子？沒有。他在做什麼？他後來也跟我一樣，成了NGO工作者，目前在高雄一個叫做「台灣希恩」的育幼院工作。

那他出國有意義嗎？當然有啊！

出國之前，他從事好幾年採訪記者的工作，所以不能說是個沒見過世面的人，但到澳洲後他因此看到一個之前沒看過的世界，以及無止境的可能性。原本中文系畢業的他，也因為在澳洲念書期間對英文的掌握力增強，所以當二〇〇七年由加拿大人孟荷莉與美國人康翠娜共同創立這個保護未婚媽媽的「危機懷孕中心」、並且坐落於高雄市的育幼院「希恩之家」時，他相信只要有這個機會，他確實「可以」做好這份工作。

事實證明，將近十年後，原本完全沒有NGO工作經驗、也未曾受過任何正式訓練的他，已成為這個組織的核心工作者。

雖然他有建築方面的碩士學歷背景，沒有保護未婚媽媽所需要的社工資格，但是我能相信他處理未婚媽媽案件的能力，卻無法相信他蓋的房子，即使他頂著建築碩士的光環。

同樣的，在國內當過志工，也不一定就能保證變成好的國際志工。可重點是，平常在國內就不會想要幫助別人的人，絕對不會因為突然出國就變成熱血青年。

想透過當國際志工認識世界，不可以嗎？

想透過參加國際志工了解當地的文化，幫助他人只是其中一個附帶的「附加價值」，可不可以？

這就好像問「沒有念過英文的人，可不可以出國去語言學校念英文？」跟出國念電機、學建築不同，我會說「當然可以」。

可不可以去哈佛大學念暑期班語言學校？

當然可以。

去哈佛參加英語夏令營跟去哈佛大學念英語系一樣嗎？

當然不一樣。

在這樣的情形下，去當國際志工真的有很危險嗎？不是當志工嗎？為什麼想到的都是自己？難道不覺得被你幫助的人比較擔心危險嗎？因為你什麼都不會啊！

你覺得印度危險？實際上，印度的ＮＧＯ搞不好覺得什麼都不會的志工，帶給他們很多危險哩！

台灣人相當熟悉的印度德雷莎修女的「垂死之家」，有許多包括來自台灣的志工。雖然同樣是志工，卻不是所有志工都可以「陪伴」垂死的病人，只有所謂的「長期志工」才可以接觸病人。至於那些只待幾天參訪的「體驗志工」，只能去做一些環境整理或是周邊的雜事，因此有不少付費式的體驗志工覺得：「我都自己願意花錢來當志工了，怎麼只讓我做這種『不重要的瑣事』？」

甚至有更離譜的：「反正是垂死的病人，即使不會照顧，讓病人早死早超生，不是剛好嗎？我想陪伴怎麼不讓我陪伴呢？」

如果無法認識「志工並不是組織的主體，只是組織運作中的一個小環節」，總認為出錢出力當志工，就可以自己決定如何服務、對誰服務，那種傲慢，跟志工本身需要具備的謙卑精神是完全背道而馳的。

別忘了，志工不能、不會、也不該只想著自己，不能自己決定想做什麼、不想做什麼，可以做什麼、不可以做什麼。志工的任務分派，當然是由接受志工的ＮＧＯ決定。不能脫離以自己為主體思考的人，就還沒有擔任志工的條件，無論在國內、國外，就算出了銀河系都一樣。

第17回合

花錢當國際志工，投資一個謙卑的態度

五十歲的公益觀察家雄大：

曾看過學生志工團體很用心寫企畫案募款出國當義工。但發現，募得的款項幾乎七、八成都被旅費用掉了。心想何不省下這筆旅費，用來照顧台灣偏鄉需要幫助的同胞呢？請問您的看法如何？

永遠都很年輕的褚阿北：

五十歲的阿北，耳朵過來一下，我要告訴你一個小祕密喔！

「你、真、的、老、了。」（逃）

不是幫助別人，而是幫助自己

一個二十歲的人跟一個五十歲的人當志工，表面上兩個人都在做一樣的事情，但是背後的原因其實完全不一樣喔！

如果退休教師出國到泰北的華校當志工老師，很可能是為了要用自己的專業來幫助孩子，並且證明自己還是個有用的人，追求的是利人利己的自我實現。

但一個二十歲的年輕人同樣花這筆旅費出國去同一個地點當志工，並不是為了要幫助別人，而是為了幫助自己。幫助自己跨出同溫層，去體驗身邊朋友無法想像的生活；走出舒適圈，去看看連父母也從未看過的世界。

對於未來茫然的時候，去一個物質落後的地方從事國際志工，會幫助自己釐清人生值得追求的優先順序。

一個對未來茫然的二十歲台灣年輕人，如果對將來茫然不知所措，往往是因為面對太多可能性，太多可以選擇的道路，不知道哪個「最好」，因為選了這個就不能選那個而苦惱。

假設他到了印尼加里曼丹島做志工服務，當地接待的團隊中，可能有個跟自己同樣年齡的當地女生，也對未來茫然不知所措。但她的茫然來自於一個唯一能改變未來的機會，那就是在十分鐘之內必須回答婚姻介紹中心的仲介，願不願意放棄身邊摯愛的家人、熱戀中的情人，嫁給一個素未謀面、毫無感情的台灣男子。她既不知道台灣長什麼樣子，也不知道對方是好人還是壞人，更不知道還能不能保有自我。一旦離開，這輩子還會不會看到家人？還是從此一輩子在異鄉變成生養孩子的機器、照顧癱瘓老人的免費看護工？

但是前方既然出現一條路，不論如何，只能忍著眼淚趕快抓緊，因為這樣的改變機會，可能不會發生第二次。

台灣年輕人在印尼擔任體驗志工的過程中，此時此刻終於意識到，自己之所以對未來難以抉擇，那是因為他面臨的是「第一世界」的問題；而他看見的印尼年輕人之所以難以選擇，是因為怎麼選，未來都是一片黑暗，她面臨的是「第三世界」的問題。

這一趟開啟視野的旅行，讓一個二十歲的年輕人意識到自己的問題癥結，根本在於太幸運，擁有太多選擇，從此決定了一個不需要「最好」的方向，而是「最值得追求」，不後悔的生命道路。

這趟旅程，就算花了很多旅費，服務做得零零落落很掉漆，但對於這個年輕的生命來說，卻有著啟迪的重要意義。

值得嗎？

這場可能改變未來六十年生命態度的國際志工之旅，當然值得。

學到一個觀念，值不值得？

再舉一個例子。一個從來都只接受呵護，卻從來沒有照顧過別人的二十歲年輕人，懵懵懂懂抱著崇高的理想，到了印度德雷莎修女創辦的「垂死之家」，陪伴瀕死的漢生病患。在觀察的過程中，很快發現來自日本的國際志工，雖然不是天主教徒，面對讓人作嘔的病人排泄物、嘔吐物，總是義不容辭地一個箭步衝上前去，毫無怨言地做著最骯髒的工作。而那些來自歐洲即將成為天主教神父的修士，卻在旁邊擦窗子裝忙，避之唯恐不及。

在那一刻，二十歲的年輕人對於宗教這件事情，有了獨立的見解：「原來『宗教情操』比『宗教信仰』來得重要。」

就算花了將近十萬元去當志工，最後只學習到了這個觀念，你覺得值不值得？

我遇到的每個年輕國際志工，回來後的分享，幾乎都會說出一個共同的體會，那就是「我們從當地社區所得到的，遠比我們帶給對方的多」。

然而從中高齡的志工分享會上，老實說，我卻鮮少看到這份謙卑，大多是強調自己做的事情多麼重要，當地人如何又如何地感謝他們的到來。不同世代的國際志工，其實也存在著平行時空。

花了一筆錢去當志工，沒服務到什麼，卻開始懂得反省，在世界面前變得謙卑，值不值得？

年輕的時候，沒有練習學會看懂世界的人，老了以後，可能就看不懂了。

當然，我不能以偏概全，因為這世界上什麼樣的人都有。但是謝謝你允許我用比較極端的例子，回答這個我時常被問到的問題。

我相信真正的仁慈，是關心與自己無關的人事物。年紀輕輕就花錢投資自己出國當志工，因此看懂這個道理的那些年輕人，未來就不會犯一個NGO領域長年來普遍的錯誤，比如說服務對象只自限於「自己人」，或只串連跟自己信仰相同的宗教團體，而能夠逐漸成為具有國際觀、真正仁慈的人。

所以我們這些憤世嫉俗的阿北、阿桑，也請抱著寬容的態度，將年輕人這些跌跌撞撞、不合成本效益的國際志工參與，視為對自己生命必要的投資，學習看懂世界的一個好方法。

因為在改變世界之前，每個人都要先學會改變自己。

第18回合

想去海外當志工，連經濟獨立都做不到，做得到行為與思考獨立嗎？

二十二歲大學畢業生麻煩鬼：

我想去柬埔寨當志工三個星期，可是我不知道該怎麼說服我爸媽，他們覺得那裡很危險又沒意義，浪費錢，請問我該怎麼辦？

非常贊成媽媽的褚阿北：

你媽媽說得很對，我覺得你去當國際志工，真的很危險又沒意義，浪費錢。

什麼時候成為獨立思考的人？

你是一個二十二歲的成年人，無論用民法刑法選罷法勞動基準法還是汽機車考照年齡標準來看，你都是個不折不扣的大人，卻把「我爸媽說……」掛在嘴上，你難道沒有覺得自己很奇怪？（脾氣差）

讓我做一個大膽的假設，你活到現在二十二歲，可能還沒有經濟獨立的能力。沒有經濟獨立能力，卻說要去柬埔寨當志工，錢從哪裡來呢？是要跟父母伸手、還是向銀行小額貸款？

當然，你可能不會想去向銀行借錢當國際志工，所以比較簡單的方法是跟父母伸手要錢吧？

請記得，到海外去當國際志工，用自己的專業能力去幫助需要的人，要做到這件事情需要三種缺一不可的重要能力：「經濟力」「行動力」還有「思考力」。

既然要跟家裡伸手要錢，顯然你缺乏「經濟獨立」的能力。

因為父母有錢，你沒有，所以給錢的人可以用自己主觀（甚至偏頗）的想法，任意決定你能不能有「去柬埔寨當志工」的行動。簡而言之，你沒有「行為獨立」的能力。

「但是我在大學是念社工系的，至少我還有專業能力去幫助當地人啊！」你可能會強調這三個能力中，你至少有一個，而且是最重要的那一個。

才怪。

現今台灣高等教育的盲點之一，在於相信只要用功念書、很會考試，就會變成能「獨立思考」的人。可是事實上，一個沒有經濟獨立能力的人，連行為獨立都做不到。（然後就會出現這種論調：「爸媽反對我去柬埔寨，他們說花同樣的錢跟時間我去美國遊學比較好。」）既然沒辦法行為獨立，當然就不可能思考獨立。（你不覺得「爸媽幫我付錢去學習獨立」聽起來怪怪的嗎？）

所以你現在的當務之急，絕對不會是出國當志工。這跟去柬埔寨或是盧森堡一點關係都沒有，而是你應該盡快成為一個財務自由，經濟能獨立的人，否則其他的都是廢話。

另外，我也建議你問問自己，在去柬埔寨擔任志工之前，你曾經在台灣擔任過性質類似的志工嗎？

如果你連在台灣，用自己的母語都從來沒有做過同樣的服務，怎麼會覺得自己搭了飛機出國，到一個語言不通的國家，就可以突然搖身一變，成為一個厲害的國際志工呢？

哎啊！趕快就此打住，免得還不知道會說出什麼樣的話，萬一影響書的銷售就不好了！

第19回合

志工帶來的影響，不是自己說了算

三十歲的志工 Cherline：

我去菲律賓從事協助蓋屋的志工工作，對於太歡樂正向的組織有說不出的奇怪，所以想請問你：一個強調 pure love，沒有行前志工培訓、助人技巧培訓、任務後追蹤居民狀態的志工組織，你會如何建議（打臉）？我對志工可能對當地造成的負面影響很關注，希望能有多點討論，謝謝你！

褚阿北：

連止痛藥都有分治頭痛跟牙痛，志工也不會只有一種！

實際上，志工不是止痛藥，志工根本是草藥！

志工的世界像草藥那樣充滿了生物多樣性，有些眾人稱讚的好物換人吃或換了一個產地就毫無效果，有些混搭在一起的時候還會變得有毒。

一般大學生或是上班族比較常接觸的志工機會，其實比較接近我定義中的「體驗式志工」（volunteer），以不大需要技術性的勞力跟時間為主要付出，立即可以上陣，以滿足機構的長期需求。比如在醫院幫忙推輪椅、做樓層指引，或是到貧困地區、災區去協助造屋，或到面臨沙漠化的土地植樹，以及像學校山服社、幼幼社寒暑假去部落辦的營隊一樣，基本上都是填補一個NGO組織短期勞力缺口的快速方法。參與者透過短暫窺探一個與日常生活不同的非日常風景，做一些非平常的事，最大的回饋與滿足，或許是二十歲夏天美好的成長回憶，也或許是滿足七十歲時想到要多積功德以求善終的焦慮。

但是另一種所謂的「專業志工」（pro bono publico），就完全不同了。這個拉丁文的字面意義是「為了公眾之善」，定義就是為了公共利益，以不收取酬勞，或「低於行情價格」的收費方式來提供專業服務。

像是台大法律系的法律扶助提供免費的法律諮詢；自殺防治專線的義務張老師；我那位在南台灣的銀行擔任分行經理的朋友，固定到偏鄉學校教弱勢家庭孩子建立理財觀念；

宜蘭南方澳的外籍漁工組成的漁業公會，直接到菲律賓、印尼去宣導漁工可以不經過仲介的「直接聘僱」服務。

但是，「體驗志工」跟「專業志工」之間的真正區別，時常不是服務內容的難易程度，而是像在辦公室裡做同一份工作的兩個人，一個人可能在做「差事」，另一個人卻在做「專業」——不同的心態，造就志工不同的高度。

我曾經說過一個美國理髮師朋友 Frank 的故事。他因為理髮收入有限，所以晚上到洗腎中心兼差當助理，當時他心裡很不爽，因為有通過資格考的護士們，跟他做一樣的事情，薪水卻比他多一倍，同工不同酬，因此他決定去念護校夜間部、取得護士資格。但他並未就此停止，他說服了洗腎中心的老闆，在郵輪上開世上第一家「海上洗腎中心」，因為很多洗腎患者很有錢，行動範圍卻被限制。喜歡旅遊的他，因此在五十歲以後，搭郵輪完成環遊世界的夢想，又能靠此維生，洗腎的病人也非常感謝他。

一個洗腎中心的護士，是一份專業工作；但當一個護士發揮創意後，做了一件從來沒人做過的事，帶來了公眾的善，因為全世界只有他能夠用專業提供這項服務，給原本不能旅行的病人。在這樣的定義下，Frank 雖然收費，但是當然是 pro bono，是創造「公眾之善」的「有給制專業志工」。以草藥來說，Frank 就是名貴的天山雪蓮了。

所以你看到的歡樂造屋，雖然我不知道組織的細節，但確實很有可能是為了組織的長期社區營造發展，專門分割出來作為體驗式志工的元素。但是事前的環境影響、社會影響，或是其他的後續配套，則是由專業志工，或是專業人員來進行的，只是沒有呈現在體驗式志工面前而已。

不過我也要聲明，到災區蓋房子，有像「汗得學社」手工協力造屋這種講求慎重、專業的，也聽過有組織每天晚上必須聘請當地工人把白天志工亂七八糟的「成果」拆掉重蓋，隔天才能繼續讓志工來「體驗」的。所以造屋是否符合「公眾之善」，並不是志工自己說了就算的事，就像最終決定草藥到底有沒有效的，不是醫生，而是病人。

第20回合

不為所求地當志工，可能嗎？

「年齡是祕密」的捐款人：

真的有人不為所求地當志工嗎？人總要生活吧！

動不動就很激動的褚阿北：

做志工當然有所求，只是求的不一定是金錢。

至於覺得當志工就該吃土的人，不如自己去吃屎吧！（激動）

做志工求的不一定是金錢

一個理性的人做一件事，當然有所求，只是所求不一定是錢。做志工的理由，有人為了升學，為了功德，為了打發時間，為了健康，也有人為了推銷東西，或者為了跨出自己的舒適圈，去看看日常生活接觸不到的族群或世界的角落。當然，也是有人的所求就是「不為所求」。

我有一個這輩子活到五十歲、從來沒當過志工的日本男性朋友，有一天突然告訴我他要去柬埔寨當志工，問我要注意什麼。我很驚訝這個連緬甸和柬埔寨都搞不清楚的男人，竟突然要去柬埔寨幫忙建造小學，所以我很直接地說：「你到底要什麼？」

結果他很誠實地說，他在廣播中聽到一個有名的國際志工，正在招募來自社會各個角落的志工團成員，前往他們在柬埔寨進行的教育計畫。其中有一句話打動了他：「我們找的不是兩個禮拜的國際志工，我們希望找到一群一輩子的好朋友。」

就因為這一句話，我的朋友就去參加招募，而且很幸運地被選上了。直到那一刻，我才知道原來這位看起來生活很順遂的朋友，如此渴望友誼，當志工變成了他擁有「一輩子好朋友」的方法。

同場加映：當志工就該吃土嗎？

志工是一種生活方式，當然也可以是一份工作。

志工不見得都是沒有報償的，實際上志工有分「有給制志工」跟「無給制志工」，但是為了討論方便，我們就都以無給制、或是志工收入趨近於零來討論好了。

首先，志工一定要當成主業嗎？

我一直相信一個人如果有一份主業，跟至少一份副業，人生會比較有趣。現在就連特別看重企業忠誠度的日本，也開始規定每個員工都要有一份跟公司業務不相關的「副業」。如果一個人有一份足以溫飽的正職，其中一份副業當然可以是沒有收入的志工，因為這份副業雖然不會為你帶來財富，卻可以打開視野，讓你變成有趣的人。

第二，主業的收入一定要比副業高嗎？

我認識一個在大學社團當國樂社指導老師的工程師，他一輩子想成為音樂家，只是迫於現實不得不去上班掙錢。他總開玩笑說：「我的主業是國樂社的指導老師，副業是工程師。」在他心中，這份每學期只有三千元的工作才是「正職」，但是如果沒有那朝九晚五的「主業兼差」，他就沒辦法繼續做音樂的夢。

既然為了存旅費而每年有一半時間在便利商店當大夜班打工的人，為了當藝人而在洛杉磯的餐廳端盤子等待機會的俊男美女，都大有人在，那麼為了能夠當「志工」這份主業，而去上全職的班當作「副業」賺錢，有什麼不可能呢？這不過是一念之間的事啊！

第三，志工也可能轉變成工作

我自己在將近三十歲時才從產業轉到NGO組織工作，當時我也發現隔行如隔山，不能也不該預期以過去在管理顧問的資歷，在陌生的NGO組織當「空降部隊」。所以讓他們看到我的價值的最好方式，就是從擔任志工、發揮NGO組織缺乏但迫切需要的管理分析專長開始。

一旦價值被肯定，彼此理念一致，就能從志工身分變成全職員工。當然，我並不是說志工是員工的跳板，但這就像企業實習是聘僱之路的其中一條，把做志工當成一種實習，也是無可厚非的事。

另一個例子，是台灣專門為失智症照顧者提供支持的康泰醫療教育基金會，為了避免照顧者跟社會脫節，所以讓照顧者在機構裡面擔任志工，作為準備重返職場的準備，也讓照顧者在照顧病人時，還能保持社會連結、人脈，讓自己盡量保持競爭性。

這些志工裡，其中有一位是花了二十年生命在家照顧養母的惠珍。母親在世時，惠珍一直以志工的身分在失智機構參與各式各樣的活動；母親過世後，也沒有因此停下，她繼續在這些團體中擔任志工。透過這些網絡口耳相傳，從學生時代就開始照顧失智母親、從來沒出過社會的惠珍，竟因此以「豐富經驗的專家」姿態，得到不少和照護失智病人有關的工作機會，擔任志工期間所累積的人脈和經驗，也讓她後來生活完全無後顧之憂。

記得你所選擇的回報，是再多的錢也買不到的東西，至於買得到的，都直接用錢買好了。對，我真的沒有在暗示情人節怎樣，我們在說志工，不是嗎？

第21回合

無償來幫忙的人，不應該要求品質嗎？

剛進非營利組織工作的菜鳥新鮮人：

我的非營利組織因為有國外計畫，經常需要翻譯志工幫忙，翻譯國外相關新聞。剛開始，我都會請那些主動來應徵翻譯志工的人先試譯一、兩段，覺得翻譯通順才會繼續請他們幫忙。但有的志工竟然很不能接受，說他們已經是自願、好意來幫忙了，為什麼我們還出「考題」想「測驗」他們？最頭痛的是，連我的主管也跟我說，他們已經是好心來幫忙了，不要表現得好像不信任別人。我覺得有點錯亂，難道是我太過分嗎？可是有些志工譯出來的真的不能用。請問阿北，我該怎麼跟志工和主管溝通？

最討厭志工光環的褚阿北：

不拿錢的未必就是好人，真的想做的話，不管怎樣都會做到好啦！（忿忿）

不拿錢的，一定是好人？

很多人以為，「好人」「不拿錢」是做ＮＧＯ工作的首要條件，但我完全反對這種說法。

好人，不是做人的基本條件嗎？世界上大多數的笨人也都是好人啊！好人干ＮＧＯ什麼事？

翻譯，就是要能夠透過兩種語言完美掌握文字，跟有拿錢、沒拿錢什麼關係？你主管根本腦子有問題吧！（脾氣差）

我時常在ＮＧＯ的訓練中，強調「不拿錢的志工」絕對不能當作組織長期發展的主要人力來源。我會用一個經典的例子讓ＮＧＯ工作者辯論，雖然這例子極端，但在現實生活中卻是會真實發生——

「一位沒有醫療專業執照的志工，跟隨醫療團到國外偏鄉義診，免費爲當地孩童注射疫苗，但志工因爲缺乏專業知識，不知道疫苗在運輸過程中，如果沒有保持定溫，就會因爲保存不當而變質，產生毒素。疫苗因此在注射後造成多位孩童不幸死亡，請問這位醫療志工是否應該以過失殺人罪處分，在當地坐牢？」

這個暗黑的案例，通常會引起許多激烈的討論，但討論到最後，無論正方或反方，都看到一個不爭的事實——這位醫療志工是否有法律責任，跟他有沒有領錢、是不是志工一點關係也沒有，只跟能不能把這件事做對有關。

如果我問你：「在工作中，選擇做喜歡的事，或把不喜歡的事做好，哪一個重要？」如果你的回答是「當然是做喜歡的事！」那麼很抱歉，無論在哪一個職場，是無給制的志工還是有給制的員工，無論能力多強，你都會是老闆心目中很爛的一員。

我有個非營利界的老朋友是某環境領域NGO的執行長，總是求才若渴，但當我介紹一位我們共同認識的出版社主編給他時，他卻毫不考慮就拒絕了。我當時非常吃驚，但他接下來說的一段話我卻極為贊同：

「有些人在私人企業是很好的員工，但是到了NGO以後卻再也不會是好員工，你知道為什麼嗎？」我搖搖頭。

「因為這樣的人，認為在企業，是為了五斗米折腰，所以無論老闆要他做什麼，他都會去做。但是到了NGO，他覺得自己是為了夢想才進來的，所以就只挑想做、喜歡做的事來做，也因此變成了不好的員工。」

我知道自己會繼續在NGO領域工作，這樣的信念，並不是來自於我知道自己可以做得比別人更好，而是因為當大多數人可能會放棄的時候，我會繼續抱著「非做不可」的心態走下去。

簡單來說，就是「紀律」。

很多人把為ＮＧＯ工作當成一種夢想，但他們搞錯了。夢想其實不是做「想做的那件事」或是「沒錢賺的那件事」，而是生命本質強烈呼喚著你「非做不可的那件事」。只靠「喜歡」來做一份工作是不會長久的，無論多麼好的工作都一樣，不能靠「喜歡」來做選擇。這件事只有你能做，而且非做不可，那才是你長久的職涯。要說喜歡，喜歡吃麵包，可能比喜歡一份工作更實在、更長久。

只想著自己喜歡、不喜歡，有領錢、沒有領錢，而沒有「非做不可」的紀律，這樣的人，無論當員工或是當志工，都不會及格。

志工的光環不存在：非做不可的事，是不管怎樣都要做到好的事

回頭想一想醫療志工的例子。如果你是偏鄉孩童的家長，家境非常窮困，你會選擇讓孩子冒著生命危險，選擇免費讓不合格的醫療志工施打來路不明的疫苗，還是願意付錢掏腰包，到私人醫院去接受安全的疫苗接種？

有次一位新進的ＮＧＯ領域晚輩，興奮地問我：「我今天去綠色和平面試，很驚訝地發現這不是一份單純領薪水的工作，而是一份讓你做喜歡的事，卻恰好有付你錢的工作！你當初也有過這樣的震撼嗎？」

雖然我可以感受到他激動的心情，但我只是淡淡地說：「沒有。」

實際上，在NGO工作之後，我強迫自己養成一個過去在企業工作時所沒有的習慣，那就是請一位兼職經紀人幫我處理相關工作，包括所有的進出帳目。我自己一概不過問，包括這個NPOst的專欄在內。

並不是因為我大牌，或是真的忙到無法自行處理，而是因為我知道自己只是凡人，我的心也很容易受到現實因素左右。如果可以的話，我只想考慮這份工作值不值得做、可不可以做好，而不需要知道這份我想做的工作有沒有付我錢，或是付了多少錢，這樣才可以專心做好「非做不可」的那件事。

每一個任務，無論是一篇專欄文或一個多年的發展計畫，我期許自己一旦決定做了就要全力以赴，不會因為多付錢的就認真多做一點，少付錢或沒付錢的就少做一點，或是喜歡的多做一點，不喜歡的少做一點。

如果帶著任性面對工作任務，不但事情無法做好，慢慢地也會變成一個自己不喜歡的人，背離了當初要在非營利組織發展領域工作的初衷。

無論是「志工的光環」還是「免錢的就好」，都是一種致命的誤導，能不能夠把事情做到最好，才是值得NGO追求的目標。

至於，該怎麼跟主管和志工說呢？

管理不只是技術，也是一種藝術。很多時候，NGO因為不需要面對私人企業的競爭，所以在管理技術上會出現不合理的地方。比如說，企業就絕對不會把「好人」作為僱用或解僱的先決條件，也不會把「好人」看得比「專業能力」更重要，你的主管似乎也犯了這個錯誤。

阿北教你一個小技巧吧！這種時候只需要告訴志工，試譯通過的話可以擔任志工，但如果無法通過的話，組織會支付每字〇．五元的翻譯費，謝謝志工的時間和精力。

怕主管說話嗎？告訴他，這可是個試金石。如果哪個志工真的程度不好又對組織沒認同，還真的敢拿稿費，那就絕對不是你們需要的志工。花一點小錢消災，認識一個可能會帶來災難的志工，我覺得很值得。（結案）

第22回合

你是「不得不做」，還是「不做會死」？

三十九歲手作人Zoe：

你是如何保持熱情？旁人會阻礙你去行動嗎？特別是身邊的家人？
我是冷眼旁觀的人，但遇到需要同情的人事物還是會雞婆。
我佩服你，打從心底。謝謝你。

褚阿北：

「不得不做」跟「非做不可」有本質上的差異。

夢想與熱情的比重

等一下，這個問題真的跟ＮＰＯ有關係嗎？不過既然都已經問了，我就回答吧。

首先，熱情不會被「不得不做」的事激起。

有一些創業家整天不斷碎碎念自己創業時期多辛苦，工作時間多長，天真地認為員工因此就會被激發出跟自己同樣的創業熱情，這種老闆根本腦子有洞。因為他沒有看清楚，他自己非常想做的事，只是另外一個人不得不做的事。

所以，只要是自己「想做」的事，都該有熱情嘍？

並不是。

唯一能有源源不絕的熱情可燃燒的，必須是那些「非做不可、不做會死」的事。

很多人在ＮＰＯ工作領域撐不下去，因為ＮＰＯ不是非做不可的事，而是在生涯的選擇中，好像當公務員也可以，去私人企業上班也可以，到非營利組織工作也不錯，是東想西想之後做出的其中一個選擇。因為不是非做不可，當然沒有持續下去的理由，一旦看到更帥、更美的就會失心瘋跟去了（好粗俗的說法）。

冷眼旁觀的雞婆跟同情，如果時有時無，或許也就可有可無，就像在乞丐的杯子裡放幾個銅板，只是讓人自我感覺良好，覺得「我真是個好人！」除此之外究竟有沒有本質上的意義，有待商榷。這樣的行為或許並沒有關心這個乞丐作為「人」的真正需要。

所以如果要選擇，還是選擇真正的熱情吧！

但熱情其實根本沒那麼重要。

只不過，還有一個大重點：就跟「夢想」一樣，「熱情」真的有這麼重要嗎？

你能想像諾貝爾和平獎得主馬拉拉，因為充滿熱情，一下子想做女性教育權，一下子想做外籍漁工直接聘僱，一下子想做髮哥髮姊的在職進修嗎？緬甸的民主領袖翁山蘇姬，如果只要有熱情，就可以一下子當人權鬥士，一下子是抗老美魔女，然後又變身英國旅遊大使，這像話嗎？

不是有熱情的事，都值得追求。也不是只要混NPO這圈子，遲早就會得諾貝爾和平獎。

我記得二〇一二年初，《Cheers快樂工作人雜誌》有一篇專訪「三十歲前，一定要著迷一件事」，裡面談過一個觀念：

「在從事專業的時候，總是會碰到消磨熱情的事，但那可能是這個專業中一定有的損耗，沒有任何一個專業是沒有耗損的。只要你很想做那件事的理由還在，就夠了。

「當然，你不能在沒有準備之下，就期望熱情會萌芽變成專業。像是種花，需要好的土壤和盆子，至少把環境準備好，然後去嘗試。如果根本沒有環境，失敗了就對自己說：

『你看，果然沒辦法成功！』那就是扼殺了自己的機會。」

「熱情」是在面臨選擇的時候，拿來判斷到底哪一件事是「非做不可、不做會死」的標準。一旦做了選擇之後，與其整天在乎要有燃燒不盡的熱情，不如更在乎自己是否夠專業。

在我看來，熱情要像鬼火！每年只有一次夏天乾燥的晚上會在墳墓間出現，才會有fu。（開始胡言亂語）「帶著鬼火般偶爾才會出現的嚇人熱情，專業地做非做不可、不做會死的事。」

至於這件事，究竟是流浪動物、弱勢家庭兒童、氣候變遷，還是有機蘋果，都能因此產生超乎所想的力量。

第 23 回合

街頭的募款「志工」原來是「工讀生」，錯在哪裡？

二十歲學生小鎂：

阿北，我是一名社工系學生，還沒有經歷實習之類的實務經驗，但是聽說580食物銀行（中華民國圓夢傳愛關懷協會）用志工的名義來收取善款或發票，實質上那些志工是工讀生，並且從善款支出薪水給工讀生。該單位表示因為擔任志工的人數太少、流動性高，因此用這種方式來募款。站在我是社工的角度來想，這樣有些違反倫理，可是，卻也不得向現實層面妥協。我與朋友們討論過，我們都不看好這樣的行為，不知道阿北怎麼看待這件事情？

見多識廣的褚阿北：

街上的募款員一定得是無償志工嗎？NGO募發票也不一定都只為了中獎。

街頭的募款員一定得是無償志工嗎？

只有不支薪的志工才能在街上幫ＮＧＯ募款嗎？領時薪的工讀生難道不行嗎？當然可以。這樣的角色叫做「街頭募款員」（street fundraiser）。以著名的世界性基督教ＮＧＯ組織Concern為例，他們在愛爾蘭都柏林就公開招募這樣的職務，並且很清楚地明訂——

有給制，每個禮拜至少上工四天。

固定時薪，每小時十一．五〇歐元（相當於台幣三百九十三元），薪資由組織支付。

沒有抽成，也沒有獎金。

在組織裡有晉升的機會。

但是在台灣發生的這個情況，跟國際ＮＧＯ正規的街上募款員這四個條件都有所衝突：

工讀生必須對外宣稱志工。

薪資從善款中支付，而且有網友號稱前四小時不得支薪，如果屬實，明顯違反法律規定。

據說有抽成，也有獎金制，違反倫理。

工讀生純粹作為募款機器，與組織使命及核心發展無關。

在這四個情形下，無論組織是否確實進行公益行為，都因為對外隱瞞工讀生不是志工的事實、沒有依法支付合理工資，以及抽佣金跟獎金制度，造成明顯的瑕疵，不值得鼓勵。

但就像許多社會大眾預設專業的「社工」應該是無償的「志工」，你也預設了「街上募款員」都是無給制的「志工」，這一點或許倒是你自己觀念上的錯誤了。

NGO為什麼老是在募發票？

募發票這件事，並沒有像想像中那麼簡單，除了要跟其他也募發票的NGO競爭，甚至也要跟街友或專業的「募發票達人」競爭。

就算發票募來了，中獎的機率也很低。在台灣只有少數勸募發票已經是相當專業的組織，能夠取得店家及民眾的信任，藉由每個月募得的大量發票得到額外的收入。如果募集的發票數量有限，還要聘用人員到每個發放地點定期去收集發票、僱用工讀生對發票，這樣的付出再考量其中獎金額，恐怕不符合人事成本。

但是為什麼這些募發票能力有限的非營利團體，還是前仆後繼地加入募發票的陣容呢？可能的原因只有兩個：

這個組織的負責人頭腦不清楚，沒創意，只喜歡學別人卻又能力不足，畫虎不成反類犬。

這個組織其實只是把發票募集箱作為廣告，希望組織的名字和宗旨可以藉著半永久性的發票箱設置，觸及到更多原本組織不會有機會接觸到的人。同樣的，街上募款員就算只要能夠打平開銷，若能夠打開組織的知名度，其實也值得做，這是同樣的道理。

根據媒體查證衛生福利部社會救助及社工司的勸募公益管理系統後發現，該協會前年的募款有八成花在人事費，但按照法律規定，勸募金中只有百分之十五可以作為薪資支出，勸募期後才能自由使用。

雖然募款的百分之八十花在人事費，不合情理，但如果以宣傳組織知名度的行銷角度來看，則無可厚非。即使光從利潤的角度來分析，這等於是兩成的毛利。跟許多零售業相較，兩成的毛利其實並不低，這也難怪該機構認為有利可圖。

第24回合

外派NGO工作者，到底該不該有「艱苦加給」？

三十一歲正在澳洲打工度假的 Isabel Tsai：

有聽阿北說過薪水不是很高，請問薪資大約是多少呢？

褚阿北：

問什麼薪水啊，一言難盡啦！（彈菸頭）

非營利組織的內幕？

說到錢真的很敏感啊！但NGO工作者好像真的都很窮，感覺是個很不孝的工作。

（咦？）所以反映在台灣這個要求男性背負「養家活口」期望的社會，陰盛陽衰的比例就非常明顯，男性ＮＧＯ工作者成了需要被保護的、瀕臨絕跡的稀有動物，據我的觀察，比例大約是一比五。

台灣非營利組織的薪水低，間接造成性別不平等，但是這領域不是我的專長，有請比較懂的人來回答（避重就輕），我在這裡只針對國際組織的薪水現象來討論。

國際ＮＧＯ因為非常注重男女平權，甚至贊助者在評量的時候，會要求看員工的男女比例，辦理活動或訓練課程時也會要求看簽到單，確認是否符合男女各半，所以陰盛陽衰的情形並不多見。但，這也不代表沒有別的問題。

今天世界上大多數的國際非營利組織，基本上存在一個非常落伍、我個人舉雙手反對的制度，那就是跟一些外商公司一樣，也有分所謂的「外派職缺」（expatriate position）跟「本土職缺」（national position）（例如同一個組織從美國外派到曼谷的美國職員，和在曼谷當地僱用的泰國人），造成同樣職位同工不同酬、甚至薪水差好幾倍的尷尬狀況。

有時候，外派職缺的薪水不一定特別高，卻有各式各樣的「好康」福利，比如說本地員工每天擠公車上班的時候，外派員工會有派車（通常是ＳＵＶ四輪驅動車）還附帶司機（週末假日也上班），子女有私立國際學校免費教育（不是公立學校），全家人在私立貴族醫院享有免費醫療（不是公立醫院，也不是全民健保）。

此外，房租也會有補貼，例如美國機構給曼谷外派職員的每月單身住房津貼，每年高達四萬五千美金（約台幣一百四十八萬），有家眷者預算還會跟著等比例升高；出差時，每天的差旅費適用標準也不同，外派員工的旅館等級較高，零用金較多，交通工具一律搭飛機（本地員工是巴士或火車），每年有幾趟探親假。除此之外，每兩年還有連續一個月的特休，甚至有些組織提供收入完全免稅，或是外交豁免權，用意在於「吸引最優秀的人才進入非營利組織」，然後形成讓人「薪水可能不高但福利太優渥而離不開」的策略。

這樣的制度，時常造成坐在同一個辦公室裡的當地員工跟外派員工的敵意。很不幸地，這個制度的始作俑者，就是聯合國（ＵＮ）。

面對這些行之有年的制度，我時常懷疑，如果非營利組織內部就充滿了歧視和不公，如何真心面對外界的不正義呢？

但事實比我所說的又還更複雜、更黑暗。

在自己的國家工作，就一定是本地員工嗎？不一定。如果你應徵的是國外辦公室開出缺額要外派到台灣的工作，那麼即使是台灣人，也可能協商到外派員工的福利。

如果是外國人，就一定是外派員工嗎？也不一定。比如我曾任職的金融組織監察機構，其總部在美國華盛頓，要尋找「緬甸聯絡人」，我應徵時因為人已經在緬甸工作多年，所以被視為「本地員工」，雖然我根本不是緬甸人。

換句話說，外派員工的薪水，雖然不能明說，但確實也受到膚色跟國籍影響。同樣是外派職位，我的菲律賓同事的薪水就比美國白人同事的薪水少了一半以上，但他們的職稱跟工作內容一模一樣，即使這位菲律賓同事其實是紐西蘭公民，也沒有辦法「翻身」。

一百倍的「艱苦」價差

那麼，究竟差多少呢？

以我熟悉的緬甸來說，緬甸人在國際ＮＧＯ裡做第一線工作者，月薪大約一百美金（約台幣三千三百元），如果做到計畫經理（ＰＭ），每個月拿三百美金（約台幣九千九百元）已算是不錯的薪水。如果是像我這種原本就身在泰緬邊境的外國人，同樣的職務，大約每個月能拿到兩千美金（約台幣六萬六千元）；如果是外聘外派的外國人，月薪則大約六千美金（約台幣二十萬元），加上住房津貼、「艱苦加給」（hardship allowance）等，相當於每個月一萬美金（約台幣三十三萬元）。

「艱苦加給」是什麼鬼？就是被派到緬甸，很苦、很衰，組織表示同情的慰問金。美國人如果派到台灣有沒有「艱苦加給」？有！因為台灣被歸類在很落後、生活很辛苦的化外之境。

這樣一想，就知道身為本地員工，情何以堪。

但是我要聲明，在國際非營利組織，薪水高的人絕對不少，薪水低卻多半是自找的。

舉例來說，如果我在同樣的獨立監察組織，選擇的職務是監督中國新設立的「亞投行」，而不是專門監督世界銀行跟亞洲開發銀行在緬甸的投資案，那麼即使不算任何福利，年薪也可以拿到七萬美金，相當於台幣兩百三十萬。但是，我對亞投行沒有興趣也沒有感情，對緬甸卻有，所以即使實質工作內容差不多、薪水卻差了好幾倍的工作，我也不會去應徵。

可是，怎麼可能同一個組織、同一個性質的工作，薪水卻差那麼多呢？很簡單，這不是組織決定的，而是贊助機構（funding agency）決定的。

包括聯合國在內的非營利組織，接受其他給錢的機構（包括政府）捐款，就是台灣非營利組織「接案」的概念。所以贊助的捐款機構也有權決定人事預算，也就是說，即使四個人表面上同屬一個辦公室，每天在一起工作，其薪資預算卻可能來自於八個完全不同的機構，各自要討好不同的「金主」。

雖然我只負責緬甸一個國家，但是過去幾年來，緬甸項目的計畫預算，包括我的薪水，卻比其他東協地區加起來還多。所以作為「緬甸聯絡人」的薪水，在緬甸議題受到關注的這幾年，可能高出「東南亞聯絡人」。

同樣的，監督「世界銀行」跟「亞洲開發銀行」的內容多如牛毛，新成立的「亞投行」計畫根本八字還沒一撇，連環境影響評估（EIA）、社會影響評估（SIA）的方法都還沒寫出來，但是監督亞投行的職位，預算卻可以多出好幾倍。這完全取決於現在誰最「夯」，以國外的說法，就是誰是「本月精選口味」（flavor of the month）。今年的預算押在哪裡，哪個領域的工作者就「發」了——如果我們覺得錢很重要的話。

拿外派的薪水、做草根的事情——昂貴的信任成本

在緬甸，我之所以選擇「本地職缺」，而不是追求「外派職缺」，有一個很重要的原因——

這份價差，就是「信任」的成本。

全世界都一樣，薪水數字是個不能說，但大家都知道的祕密。今天如果我的工作重點是跟地方的社區工作者一起發揮民間監督力量，但我的同事知道我拿的月薪是他們一整年也拿不到的數字，並且我搭飛機時他們搭火車；我有專車接送，他們要自己掏腰包坐計程車；我住豪宅，他們住草寮……

這種條件上的差別，大家怎麼有可能真心合作，成為一個團隊？

所以每次我說「我們一起開車去」或「我們住同一家旅館」時，我都可以看到當地員工難掩的驚訝，甚至有感動到掉淚的。我不是破壞遊戲規則，也不是自命清高，我只是相

信，如果要做對的事情，就要把事情做對。在這種「分級」制度沒有廢除之前，作為喜歡在第一線現場的工作者（field worker），我沒有辦法面對自己的良知，接受外派等級的待遇，做草根等級的事情。

「那錢怎麼辦？錢很重要啊！」

當然。所以我會像其他本地員工一樣，接案子。有許多國內外政府或是NGO主導的談判會議、訓練營隊，都會需要翻譯或「協調人」（facilitator），在這些專業場合擔任「協調人」，就是我主要的外快來源。賺這個錢是真功夫，因為這種顧問職沒有分本國或外國人的價格，我能幹的緬甸同事去研討會口譯一天的收入，往往就超過他們一個月的薪水。但我們都不會因為這樣就放棄我們的正業，因為這份非營利組織的工作反映著我們作為人、最高度理想的選擇，而不僅是一份薪水。

我們常常相互開玩笑說：「錢不是問題，缺錢付房租的時候，去講講話，半天就有了。」

我在曼谷的住家，位在一條安靜的巷子裡，每天傍晚會有一台賣漢堡的快餐車，老闆是個加拿大人，他白天的正職就是世界銀行的顧問，下班卻出來賣漢堡。這幾個月，他忽然銷聲匿跡，打聽之下才知道去了敘利亞，護送難民到西方國家接受庇護。開快餐車賣漢堡，正是讓他能夠一直在國際組織熱情工作的方法。

非營利組織在能夠呼籲社會正義之前，必須從自己的薪水制度裡真心檢討，是否符合內部的組織正義，否則就像有著三短一長桌腳的桌子，承載不了外部重量。而在這之前，無論在異國或是在台灣，我都期許自己能夠繼續扮演好「本地」工作者的角色，同時靠著專長打打零工（包括寫這本書），直到這個行之有年的制度性歧視從國際組織消失為止。

第25回合

海外援助中發展出來的戀情，禁得起考驗嗎？

看NGO熱鬧的無業遊民Claire：

很多實際執行國際人道救助工作的NGO工作者，在工作時常直接或間接遭到受助者強烈的愛慕（以阿北的條件，相信您一定知道我在說什麼），請問該如何看待與處理這樣的情況？如何避免權力不對等的道德風險？

為什麼這樣問？因為有不少NGO工作者在受助國待上一段時日後最後真的戀愛、嫁娶受助對象，幸福與否不論，但我總覺得不妥，尤其是一些雙方年齡和人生閱歷差距非常大的案例。不過，無論是怎樣的結局，通常較具優勢的NGO工作者倒也不至於欺負嫁娶的受助對象，顯然NGO工作者比較具有平等觀念（這句是拍馬屁）。

轉頭都是空的褚阿北：

阿北在回答這個問題之前，要先聲明：
凡事皆有例外。
我的答案是多年在國際ＮＧＯ望盡千帆的觀察跟建議，不是卜卦姻緣的算命仙。
世界很大，請勿對號入座。

類型一：「外派員工」與「受助對象」

觀察：

這是一個起始關係不對等的戀愛。就像所有被一九五〇年代迪士尼《小姐與流氓》（Lady and the Tramp）這部卡通所啟迪的戲劇性愛情，NGO的「外派員工」無論男女，都是這部影片的女主角，是那隻富裕家庭所養的查理士王小獵犬「小姐」（Lady），而受助對象無論性別，一律是劇中的男主角，流浪狗「流氓」（Tramp）。

在劇中，「流氓」幫助原本不食人間煙火的「小姐」看到外面的世界，因此贏得芳心，「小姐」帶著自由慣了的「流氓」回家後，讓他喜歡上家庭生活，並且成為一個好父親。

然而在現實生活中，「流氓」在危險的街頭很吃得開，一旦被帶離原本的生活環境，被安置到「小姐」的生活環境時，「流氓」的粗鄙卻常常會被「小姐」周邊的親朋好友嫌棄。「小姐」也可能因為「流氓」適應不良，而覺得「流氓」成了一個遊手好閒、不圖上進的無賴，整天只想著要回到街頭去過著流浪生活。但「小姐」覺得已經有孩子了，怎麼可以這樣呢？

結局通常是以悲劇收場。

建議：

如果「小姐」真的愛「流氓」，想要共度餘生，請「小姐」下定決心，做好一輩子不要強迫「流氓」離開街頭的打算。如果「小姐」沒有打算長久留在「流氓」的地盤，這場戀愛的下場不會太好。

類型二：「外派員工」與「在地員工」

觀察：

雖然這個類型中的主角，差別不像《小姐與流氓》這麼懸殊，但也絕對不是公平的關係。「同工不同酬」（參考一四二頁：外派NGO工作者，到底該不該有「艱苦加給」？）原本就是國際NGO同時有「外派員工」與「在地員工」時產生衝突緊張的來源，如果談戀愛了，這個在地員工很容易就會被其他在地員工孤立。就算不會被當成愛慕虛榮的「淘金客」，貪圖當地員工可望而不可及的生活條件（豪華公寓、配車、高薪等），或是被懷疑真正目的是要欺騙感情，圖一個移民外國、取得外國護照，鹹魚翻身變成人生勝利組的機會，最不惡毒的情況，也會被認為是吃裡扒外。

在這種情形下，除非雙方或其中一方離開組織另外發展，否則很容易造成組織內部的不和諧，或是交往關係被放在放大鏡下檢視，最後因為壓力過大無疾而終。

建議：

為了彼此的幸福，請找到一個雙方都沒有優勢的第三地中立國，一個雙方都可以成為「外派員工」角色的地方，開始立足點公平的新生活。千萬不要在兩方的故鄉之間展開選擇的拉鋸戰，因為無論選擇了其中哪一方的國家，對另外一方都極不公平，這樣的關係也無法平等發展。

類型三：「外派員工」與「外派員工」

觀察：

以海外志工團體來說，無論是美國的 Peace Corps 還是日本的 JICA，都會看到很多日久生情的年輕海外志工。因為已婚的比率只有百分之十左右，所以單身者在外派工作的過程當中自然配對，甚至走入婚姻，包括我自己的親人當中也有這樣的例子。

只是，當彼此在陌生而辛苦的環境中相依為命兩、三年的任務結束之後，手牽手回到「現實生活」中，這時候，原先以為根本天造地設的比翼鳥，往往會驚訝地看到彼此價值觀天差地別的地方。

「你什麼時候變成宗教虔誠的保守派？以前也是這樣嗎？」

「我們已經不在非洲了，有必要堅持連小孩都只能穿二手衣嗎？」

「雖然四海一家、互相幫助是沒錯，但這是我們兩個人的家耶，可不可以不要常常讓那些志工朋友動不動就來我們家住個十天半個月？不但要我們供吃住，還要一天二十四小時跟我們黏在一起。我們現在已經結婚，也已經不是海外志工了，我一個人賺錢要養我們兩個已經很辛苦了，你知不知道？而且我明天還要早起上班，你們晚上打電動能戴耳機嗎？」

這個時候，對方並不會覺得他錯了，只會覺得你變了，再也不是當時認識的那個人，於是兩個人漸行漸遠，終至形同陌路。

建議：

離開外派地點之前，就要想清楚兩個人一旦離開，回到原本的生活軌道以後，按照對方的價值觀、行為模式，是不是仍然適合一起生活，或者對方只是「在對的時候出現的那個對的人」，但時空移轉、事過境遷之後，彼此並不合適。如果這樣的話，還不如早早分道揚鑣。

第26回合

國際志工Q&A，一次回答！

四面八方來的謎之聲：

那個關於國際志工啊……%*&)#%(*%_^($#……

毫無耐心的褚阿北：

國際志工Q&A整理成一篇，以後不要再問了好嗎？（阿北不耐煩）

志工旅行是種好嘗試嗎？

台灣社會往往把去國外當志工當成旅遊的一種另類形式，比如說不想跟旅行團，或是不想出國只有吃喝玩樂，所以去當國際志工。

國際志工的本質，應該是「志工」的延伸，而不是「旅遊」的延伸。在台灣沒有當過志工，也對志工完全沒有興趣的人，不大可能突然出國以後，在文化、語言都不同的情形下，突然變得有興趣，或是變成對當地社區很有幫助的外國志工。

好的國際志工，必須是平常就在自己的社區有志工經驗的人，才比較能夠藉由到另外一個環境，做同樣的事情，用專業克服文化、語言等障礙。否則就要很清楚知道自己只是一個參觀式、行程式的國際志工，帶著謙卑的態度、學習的心態去參加，而不是用著救苦救難的姿態，還有嬌嗔的態度，成為當地社區的負擔，也造成自己的失落感。

要怎麼做才能符合當地需求？

確認服務的內容，是當地社區主動提出來的需求，他們一直想要、需要，但是靠著自己的能力做不到的事情，所以需要來自國外的志工幫助他們實現，而不是國際志工自己想好要去做，只是要當地社區來配合志工們的想法。

這聽起來好像很困難，其實只要抱著開放的耳朵傾聽，一、兩封 E-mail 往返，通常就可以找到答案。

比如有一群我安排去緬甸的教育志工，事前團員都已經規畫好了要上英文課跟中文課的教材內容，但是臨行前，我建議志工們去詢問當地老師最需要從外國教育志工得到的是什麼，結果大出意料之外。老師們認為去教孩子們語言，只是影響老師正常的授課進度，而且沒有實質意義，但是這些沒有機會接受正式師範教育的當地老師們，非常需要知道如何做「課堂管理」。於是這群志工的服務內容對象，就由教小朋友語言，轉變成教老師管理課堂，結果雙方都非常有收獲。甚至有一個志工去參觀當地幼稚園以後慶幸地說：

「還好當時沒有按照我們的計畫教高年級的小學生英語歌唱遊，因為到了當地幼稚園，才發現我們準備的歌，他們幼稚園就已經會唱了！」

建議年輕人抱持什麼心態服務？短暫而零星的志工服務能為當地做些什麼？

服務的內容越專業，帶來的價值越大。

如果只是簡單的體力勞動，比如說搬磚頭、塗牆壁，我們花了那麼多的交通食宿費用，帶來的價值有多少？真的比當地人做得更好嗎？當然去勞動自己的筋骨，體會當地人生活的辛苦，也很有價值，但得到這價值的是自己，自己才是最大的受益人，而不是社區。

如果要能夠帶來價值的話，就要有專業性。比如說，如果你在台北是金融機構的理財專員，到當地貧窮的婦女團體，教單親媽媽如何記帳、理財，如果做小生意的話要如何控制成本、如何周轉，這些對城市人來說輕而易舉的嘗試，卻是從來沒有銀行帳戶的當地婦女，如果沒有人教，就永遠無法做到的事。

這樣的志工，就算時間短，帶來的價值就會有持續性，也就值回機票錢。但是如果是去跟當地婦女一起摘玉米、賣玉米，換來的就是國際志工難得的生命經驗，無法帶給當地社區任何好處。

不要把自己想得太重要，「自己才是真正的受益者」，是我一直強調想要去做志工服務的人，無論地點是國內國外，都要具備的正確心態。

有志從事海外志工的人，必須具備哪些條件？

我認為需要有三種能力，一是要有謙卑的態度，二是要對世界有好奇心，三是要有平常在自己社區從事同類型志工的經驗。具備了這三種條件的人，在從事海外志工的過程中，必定能有很大的收穫。

PART 03

我想把對的事做好

因為

魔鬼藏在細節中

不謹慎、沒有反省的行動，不但沒有實質意義，
反而有可能帶給社區扭曲的價值觀。
在發展工作領域，一直有所謂的「Do No Harm」（別帶來傷害）原則，
是我們彼此之間要時時互相提醒的事。
因為我們想做的努力、捐款人覺得重要的事，
不一定對當地社區有用，但如果堅持要做，至少一定不可以帶來傷害。
行動者不能只有行動，還要有真心反省的氣度，
有勇氣檢討自己計畫的核心價值，否則就像很多發展計畫一樣，
日後做得越成功，就越難回頭去承認錯誤，
只好將錯就錯，像滾雪球般，終究演變成無法收拾的局面。

第 27 回合

公益組織不該拿加班費，因為「都是捐款人的錢」，合理嗎？

大型NGO工作者：

阿北，我在一間很大的非營利組織工作。一例一休上路後，我們大部分的同事都被迫簽同意書，表示我們「願意」補休而不是拿加班費。雖然一例一休確實有保留雙方協商同意即可的權利，但我並不想換補休啊！可是我的主管直接跟我們說：「這些都是捐款人的錢，你們好意思拿嗎？」我該怎麼辦？

一點也不意外的褚阿北：

如果你想要直接看到「怎麼辦」（how to）的話可能會失望了，因為只是希望有一個「標準答案」的方式很反智啊！重要的應該是「為什麼」、如何思考這個問題，而不是答案。所以讓我們一起思考吧！

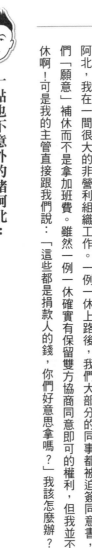

加班費的道德意義

首先，我想說的是「加班費」的本質。

加班費放在公平正義的架構上來看，究竟是什麼東西？

因為「正義」一課而聲名大噪的哈佛大學教授邁可・桑德爾（Michael J. Sandel），在《錢買不到的東西：金錢與正義的攻防》（What Money Can’t Buy: The Moral Limits of MarketS）這本書中，曾經舉了一個例子談「價值」的定義，我覺得很有意思。

這例子是說有一家幼稚園，為了讓家長準時來接孩子回家，提出了遲到會有罰款的規定，但沒想到遲到的家長卻反而越來越多。因為家長們原本認為「準時接小孩，不讓老師麻煩」是一種義務，但自從有了罰款制度之後，這份義務因此瓦解，付了錢之後，某些情感就消失了，罰款被當成了一種「加班費」，因而壓低了人們心中的道德感。

所以有一種可能是，主管覺得一旦給了加班費，就會跟乾脆給罰款的家長一樣，把NGO的額外工作變成用錢就可以買得到的商品，如此會降低工作的價值，讓加班變成「應該」的。

反之，如果沒有給加班費卻硬要求員工加班，主管會因此增加罪惡感，不再強迫員工加班，在自然調節下，員工加班的情形會逐漸減低，正義的價值就增加了。

不過話說回來，我很懷疑你們主管有這麼會想就是了。（咦？）

貪便宜的NGO，如何談正義？

比較可能的是，主管覺得在NGO工作的人，薪水應該拿越少越好。

員工不拿錢，或者拿很少的錢，對於組織一定是好事嗎？

我們都看過一些例子，比如某企業CEO以自己不拿薪水表示「共體時艱」的決心，或是美國新任總統川普只拿象徵性美金一元的薪水，但這真的是好事嗎？

一家專做信用卡帳單處理服務的美國公司Gravity Payments負責人Dan Price在二〇一五年四月，宣布將公司的最低薪資調高到七萬美元。起因是一個低階員工Jason Haley在休息時間抽菸的時候，當面跟負責人抱怨他擔任電話工程人員卻只有三萬五千萬美金的年薪，根本是受到剝削。雖然在同業是行情價，但這種薪水在美國過不了好日子卻是事實。

Dan Price聽了以後，意識到這個員工說得沒錯。這家公司之前的確是靠著壓制員工的薪資撐過不景氣，於是他開始了每年加薪百分之二十的社會實驗。當時許多人不看好這種做法，連他自己的哥哥都因此將這頭腦燒壞的弟弟告上法庭，也有很多經營者冷眼旁觀等著看好戲。

但是一年過後，《今日美國》報（USA Today）做了追蹤報導，發現這家小公司不但沒有完蛋，而且蓬勃發展，業務量一年增加百分之三十五，雖然在人事成本上多花了兩百萬美元，純利卻增加了三百萬美元。而且自從宣布這個方案之後，全公司只有兩個人離職，可說是非常成功，哈佛大學商學院甚至為此寫了一個案例。

反觀，對於一個不拿錢、或是拿很少的員工，老闆面臨最大的尷尬是：「如何向這樣的人要求更多的能力？」在ＮＧＯ工作的人都知道，不可能跟組織內不支薪的志工要求跟支薪員工同樣的工作態度和品質，以及工作效率，因為他們動不動就會說：

「拜託！我是不拿錢的志工耶！」

所以如果只是為了少花錢而拒絕付合理薪資、加班費的組織，無疑是愚昧的。

然而，我並不意外聽到台灣的ＮＧＯ管理者有這樣的觀念，因為這反映了台灣社會貪「便宜」而失去社會正義的整體現象。

「外勞就是要便宜啊！怎麼可以受到勞基法最低工資保障？那還要外勞幹嘛？」

「一例一休根本就是要搞垮台灣經濟，好多店聽說因為增加人事成本都經營不下去倒店了！」

貪便宜的代價是巨大的，如果扮演著社會良知角色的ＮＧＯ都無法認清「貪便宜」跟「社會正義」之間的牴觸，要如何理直氣壯去談正義？

低薪，是在貶低自己的專業

因為ＮＧＯ工作者的薪水來自於「捐款人」，所以不可以拿合理報酬，這似是而非的道理，給我們一個機會反思，到底什麼才是健康的ＮＧＯ結構。

在加拿大，ＮＧＯ也跟一般公司一樣必須納稅，沒有享有免稅資格，所以ＮＧＯ必須具備跟一般私人公司相同的效率。既然要納稅，也就赦免了ＮＧＯ的原罪，減低了不必要的道德罪惡感，政府收取合理的稅賦，每個員工也收取應得的合理薪資。

在台灣也有一個消除原罪的例子，GOMAJI 團購網下設的「台灣一起夢想公益協會」，其員工薪水都不靠捐款人，純粹利用發票所得來支付薪資。新任協會祕書長張正表示：

「假設 GOMAJI 團購網上每個月有五十萬筆交易，只要有四成的人願意捐出發票，就會有二十萬張發票。我們也鼓勵其他合作的店商，讓他們的消費者能在購買時選擇將發票捐給『一起夢想』協會，按照正常的中獎機率，一張發票大約有新台幣一．一元的價值，這就足以用來支付合理的薪資。也因此，協會的人事成本不但完全不需要動用捐款人一毛錢，甚至還有盈餘。」

無論用什麼方法，我相信最重要的是ＮＧＯ從業者必須透過合理薪資的肯定，保有一份專業的精神，捐款人與社會才能對ＮＧＯ有「專業」的期待，而不是「免費」的期待。ＮＧＯ主管對員工也要能保持一份對「專業」的要求，而不是對「志工」的不要求。

但最重要的是，ＮＧＯ工作者必須看到自己身上最有價值的身分，是「專業工作者」，而不是一個「熱心公益」的「志工」，才有可能長久。

第28回合

以愛之名的貪婪，社會工作是否看得清？

二十七歲的NPO社會工作者：

阿北，我在第一線做研究工作，經常看到許多我們想像中的「弱勢」會為了要資源而說謊。例如為了申請津貼而騙我們說子女都不理他，但我們透過更多訪查而發現子女其實也常回家，而且很有心想照顧爸爸，也願意跟我們溝通。類似情況很多，但我不知道戳破它有沒有意義，也許他在某方面來說真的需要更多的補助？（或其實是不想增加子女負擔？）想請問阿北，該怎麼面對第一線工作時看到的一些人性，如何長久面對而不麻木？

善於看穿人心的褚阿北：

專業，就是「穿過表象，看清本質」的能力。

以愛為名，人類犯了多少幾乎不可原諒的過錯

你在接觸這個個案中，有看出這個問題的「本質」是什麼嗎？是不是你用了上下引號的「弱勢」？還是善意的謊言？

都不對。這個個案的本質，是用愛包裝的「貪婪」。

因為用愛包裝（爸爸不願意增加子女的負擔），所以貪婪變得難以辨識了，但抽絲剝繭來看，確實就是純粹的貪婪沒錯，不是愛。

就像華人父母在女兒出國念書前警告她，「書念不好沒關係，但是千萬不准交一個黑人男朋友回來」。這是用愛包裝的種族歧視。本質是貨真價實的種族歧視，不叫做愛。

所以作為一個專業工作者，看到本質的問題之後，你該怎麼選擇？

自以為是的善意

加勒比海域的小國家海地二〇一〇年初震災過後不久，來自美國愛達荷州美國浸信教會（American Baptist Church）十個義工，滿腔熱血地進入災區太子港，用不合法的手段把幾十名真孤兒跟假孤兒（父母貧窮養不起孩子但仍健在），三番兩次試圖載離海地國境，最終目的可能是找到美國的善心人士家庭，收養這些不幸的孩子，結果被以綁架跟人

口販子的名義起訴。

一時間國際媒體譁然，有些人覺得這些教會義工動機善良，不該被法律處分；也有抱持每個人都應依法辦事的態度來看，沒有人應該在法律之上，用自己的道德判斷來決定什麼才是正義。

這十名美國義工為首的女負責人勞拉·西爾斯比，在牢中接受西方媒體訪問時宣稱，所有孩子均來自海地一家在地震中坍塌的正規孤兒院，他們只是出於愛心，想幫助這些兒童脫離苦難。可是根據海地警方調查表示，三十三名被拐的兒童中，有不少人並非孤兒，其中二十一名來自同一個小山村。事發後暫時安置這些孩子的SOS國際兒童村發言人喬治·維萊特就曾經對媒體說：

「一個（九歲）女孩邊哭邊說，『我不是孤兒，我的父母還活著』，她原本以為美國人要帶她去上寄宿學校或參加夏令營。」

另外有一名婦女，在太子港對司法警察總部表示，她的五個孩子都在被拐兒童之列。當地一名牧師曾作為中間人，勸她說孩子們如果跟美國人走能過上更好的生活，孩子們會受到良好照顧和嚴格教育，甚至能擁有私人游泳池。

我想，無論用什麼觀點來看待這個事件的人，都不會否認這群教會人士愛的動機。不可否認，這份愛，驅使著傳教士在幾百年前，從原住民部落裡擄走孩子，讓他們到教會裡穿上白襯衫，打上領結，學習怎麼從一個「未開化的原始人」，接受宗教的洗禮，學會文明人的語言，接受文明人的宗教，最後得救，從野蠻人變成一個「真正的人」。這樣的觀點，在當時也沒有人質疑過愛的本質，但是如今從我們具備的社會人類學知識回頭看，是相當讓人羞赧的吧？

事發之後，世界各地的基督教會，也有對這事件有所反省的。我就讀到一個教會人士在網路部落格寫道，他認為這十個美國教會義工沒有經過合法管道取得領養許可，要用愛心來打發程序正義，企圖闖關，是說不通的。海地政府作為一個獨立自主的主權國家，這國家的法律程序規定就代表正義，也是聖經中上帝給政府的權力。這力量太弱，讓貧苦的人民自願無償送出小孩，政府只能被動把關，幾乎沒有救濟能力，但是力量太弱卻不代表就可以被輕視或忽略，否則就是自大。

這種無心的「自大」或「傲慢」，在很多家庭中也存在。

父母對於子女也常常用一句「我是因為愛你」或是「我全是為了你好」，用自己無知的觀點，細細碎碎卻像巫蠱的長針般，插在孩子全身上下，從交朋友、學習才藝、選系選校、選擇婚姻對象、生涯規畫、事業方向，直到孩子的一生，像是被釘在木板上的蝴蝶標本般動彈不得為止。老實說，愛這個藉口，還真毀了不少人生。

或許就像我常常掛在嘴邊的口頭禪：通往地獄的道路，往往是善意的石頭鋪成的。

受到這起事件的影響，海地因為擔心走失和失去父母的兒童，遭人口販子拐賣或受性侵害，因此暫停批准地震之後遞交的收養海地孤兒申請。不但這樣，很多原本可以在國外受到專業醫療照顧的病童，也因為這事件突然發生，無法成行，錯失寶貴時機，因此失去了生命。這些教會義工在善意援助災民的同時，卻無意間傷害了那麼多無辜的人，可能是他們也始料未及的吧？

愛容易讓人變傻？

每次像地震這樣的天災，或是戰爭這類的人禍發生以後，國際間一再上演同樣的悲劇，那就是人口販子往往比國際救援人員更快抵達現場。海地震災以後，立即也傳出超過十五名海地孤兒，從各醫院人間蒸發的消息。

當「好人／壞人」「善／惡」很明顯時，我們對於對與錯，往往能夠立刻辨認，很容易就知道誰是敵人，誰是朋友；但是當大家公認的好人，以愛為名做出錯事的時候，對錯的界線似乎就變得模糊不清。這時候，頭腦要清楚，否則就會發生像前一陣發生在日本的社會事件——叫做濱田誠的四十二歲男人，因為五百萬日圓的欠債而萌生死意，想想自己死了留下家人太可憐，竟然先把妻子跟兩個小孩殺了，結果自己太軟弱，下不了手自殺，為了打電話給警察自首。這個人也是以愛為藉口，完全沒考慮當事人的幸福和生命尊嚴，為了愛就自以為是地奪取三條無辜的性命，任誰聽了都會生氣吧？

別讓愛混淆了判斷力，說來簡單，但是如果真的這麼容易的話，世界上就不會有那麼多讓人火冒三丈的蠢傢伙了，不是嗎？

別再拿愛當藉口

最後說到這十個美國教會義工，在被捕的前兩天，他們也嘗試過一次闖關失敗，當時巴士上五十個孩子當中的一個小男孩，事後接受記者訪問，說震災後窮得好幾天沒飯吃的父母把他哄騙上車以後，這些美國人給他跟其他小朋友吃糖果，每個小朋友還得到兩個小布偶。結果巴士開到一半，他才知道原來要永久跟家人分開，於是哭鬧著堅持要下車，鬧到不行了，這群美國人只好讓他下車，下車前，竟然還疾言厲色強迫他把兩個小布偶歸還。

我不是法官，無法為這個案件做最後的判決；也不是律師，沒有資格為任何一方辯護。但我只希望，愛不要再成為傷害的藉口，否則這樣下去，這世界沒人敢好好地去愛了。

所以讓我再反問你一次，作為一個專業工作者，看到包裝在「弱勢」背後的本質是「貪婪」時，你該怎麼做？

第29回合

年底NPO印桌曆到處送，值得嗎？

喜歡問問題的大學生：

每到年底都會有很多非營利組織做桌曆義賣，還有很多是直接拿來送人。我覺得這樣很浪費捐款人的錢，難道不是嗎？

喜歡觀察宣傳祕技的阿北：

就跟寺廟到了年底喜歡印黃曆，保險公司喜歡送客戶記事本一樣，這是一種讓顧客一整年都記得你的方法。掛著寺廟印的黃曆，提醒善男信女到了初一、十五就記得去拜拜，添添香油錢，發現自己的生肖犯沖，也會趕緊去花點錢安太歲，所以確實有些用處。

但這一招，對一般NGO也有用嗎？

答案是肯定的，也是否定的。（有說跟沒說一樣）

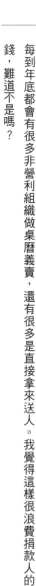

特別的桌曆，很有用

有用的原因之一是，當作捐款者回饋品的月曆，可以用相對低廉的成本，讓捐款人一年到頭都盯著組織的名字看，在許多競爭激烈的組織募款活動中，熟悉的名字能加深人們對於NGO的品牌印象，確實在需要募款的時候，會比較容易成功。

另一個有用的理由，是月曆上面的圖像，可以加深人們對這個NGO工作內容的印象。比如一個保育海龜的組織，如果在每個不同月分的月曆上，顯示海龜產卵、幼龜孵育等過程，就可以適時提醒支持海龜保育的人，在相關的季節月分，有群人正在為海龜保育工作做些什麼，或是應該去參與志工活動。

一個藝術收藏或表演活動的NGO，也可以藉由月曆上的照片提醒捐款人：「正由於有你的支持，才讓這些生命活動變得更加美麗。」

再舉一個例子，如果推動原住民文化的組織，能在月曆上標注部落不同季節的祭典活動，這就不是一般市面上常見的月曆，也不是網路上容易搜尋到的資訊，這樣的部落行事曆就會變成很有用的工具。

沒意義的東西，不管做成什麼都沒用

但如果像很多ＮＧＯ一窩蜂去賣鳳梨酥、月餅禮盒一樣，沒有深思月曆跟組織宗旨的緊密連結性，那這東西就會變得不但沒有用處，甚至讓人厭惡。

比如說，一個宗旨並非專門倡議環保減廢的ＮＧＯ，如果只是很缺乏創意地印贈有組織標誌的月曆、環保購物袋、Ｔ恤或環保碗筷、保溫杯等紀念品，因為缺乏相關性，就完全不會讓人聯想到贈品跟組織之間有任何關係。

另一個印月曆沒有用處的理由，是因為組織不能忘記，支持者之所以出錢支持一個組織，應該是希望看到組織將錢用在專業的工作上，而不是製作可有可無的紀念品。例如這篇提出這個問題的讀者，就可能會因此對原本很支持的組織產生了壞印象，自此拒絕繼續捐款，反而從支持者轉成反對者也說不定。

如果你就是那個覺得印桌曆很有必要的ＮＧＯ，請一定要記得向大眾說清楚你們的「目的」，例如因為這個桌曆上的資訊在其他地方很不容易找到，或月曆上的圖像有什麼重要的象徵意義，千萬不能認為大家看到桌曆自己就會理解。

如果組織真的很缺錢，只是想要藉著賣桌曆來募款，那就請毫不遮掩地用最灑狗血的方法搶錢吧。長期以來，英國的地方ＮＧＯ也引發了一類專門的月曆類型，在業界就叫做「裸體慈善月曆」（naked charity calendar）。但別忘了，即使是這個領域的慈善月曆也是很競爭的，必須尺度全開，半吊子根本沒有意義。此外，組織一旦走上重口味，就要做好可能會模糊宗旨，或因此嚇跑部分支持者的準備，而且一旦走上這條不歸路，就必須每年不斷突破尺度禁忌。

如果覺得這就是你正在尋找的答案，那……請現在就開始努力上健身房，準備挑戰二〇一八年的月曆吧……

第30回合

庇護工場的鳳梨酥竟然是代工廠買來的，我被騙了嗎？

天真的善心人：

阿北，我這幾年逢年過節都固定跟一個社福團體買鳳梨酥，也都鼓勵同事、朋友跟他們購買，雖然他們賣的價錢比較貴，口味也沒有很特別，但因為是做善事，所以覺得沒關係。他們每個月生意很好，據說都有一百萬元的業績。

可是最近我才知道，原來這家社福機構所謂的「庇護工場」，根本沒有自己做鳳梨酥，只是把從代工工廠買來的鳳梨酥放進他們自己的包裝盒而已，讓我有種被騙的感覺。

這也就算了，我聽朋友說，他一個在這個社福團體工作的朋友抱怨，就算賣一百多萬的鳳梨酥，利潤竟然還不夠請老師教一個肯納症（自閉症）患者學會騎自行車，這會不會太誇張？阿北，我被騙了嗎？

世故的褚阿北：

你有沒有想過，為什麼你不知道社福團體為何就算賣一百多萬的鳳梨酥，也不夠教一個肯納症患者學會騎自行車？

第一，因為你沒做過生意，缺乏成本概念，不知道賣鳳梨酥利潤多少。

第二，因為你很幸運，不了解精障跟身障者的困難。所以你不知道為什麼庇護工場往往缺乏效率，也不知道他們的學習成本。

社福團體的宗旨，本來就不是做鳳梨酥

代工的鳳梨酥，利潤大概只有一成左右。

如果一個月賣掉五千盒、每盒訂價兩百元的鳳梨酥，表面上雖然有一百萬元的進帳，但實際利潤只有十萬元左右。

或許你會說「社福團體要賣鳳梨酥，為什麼不自己做？這樣利潤就會增加了，不是嗎？」

但你可知道，一個社福團體如果要自己做鳳梨酥，前期必須投資多少錢，購買烘焙設備、開模、租用場地、申請食品工廠的牌照、採購原料、聘請專業人事管理……才能符合法律對製造食品的規定？

我不是專家，但如果以一家麵包店的基本規模來想像的話，借用網路上看到的數字，

先期投資就要超過兩萬，接下來每個月的固定成本差不多要三十三萬元，也就是一年四百萬元左右。

社福團體為什麼要賣鳳梨酥？一是為了增加收入，二是為了增加工作機會。

但這兩個原因，社福團體都很難理直氣壯。

如果為了增加收入而必須先籌措第一年營運所需的六百萬元，對於小型的社福團體來說，並不是一件容易的事，且真的能夠快速達到增加收入的目的嗎？

如果是為了增加身障者、精障者或其他弱勢族群的工作機會，必須考慮不同的障別，工作效率可能不會跟一般人相同。尤其是精障的團體，無法保證病友可以每天穩定上班，也不能保證有固定的產量。在這種情況下，若為了應付源源不絕的訂單，勢必不能全部依賴機構的服務對象，而必須另外聘請熟手或全職員工，才有可能如期交貨。

如果以「職能治療」的角度來看，希望藉著使用「有目的性的活動」來治療或協助生理、心理、發展障礙或社會功能上有障礙的人，使他們能獲得最大的生活獨立性，當然有重大的意義。但如果單純從增加就業機會↓創造經濟規模的角度來看，是非常有限的。

最大的問題，還是在於「鳳梨酥」到底跟社福團體有什麼直接關係？不要鳳梨酥可不可以是綠豆椪？不賣月餅的話，賣太陽餅有比較好嗎？直接賣鳳梨不行嗎？如果社福團體的宗旨，跟鳳梨根本沒有關聯，為什麼非做鳳梨酥不可？

台灣的社福團體很愛賣月餅、賣鳳梨酥，就像美國的女童軍賣餅乾，本來就只是眾多募款管道的方法之一，無論是自己做的還是代工的，其實對於贊助者、消費者來說，都不應該是重點。只要認為這是有價值的、值得鼓勵的，就用消費來表示支持；不認同的話，就不要消費。整件事沒有那麼複雜。

教肯納症患者騎自行車，成本很低嗎？

就算賺錢這麼難，賣一百萬元的鳳梨酥，才能為機構賺進十萬元的工作費用，然而這十萬元，難道不夠一個機構請老師來教肯納症者騎自行車嗎？

讓一個肯納症患者，每天八個小時坐在廚房做鳳梨酥比較「困難」，而學會騎腳踏車比較「容易」。真的是這樣嗎？

我特別請教了某一個肯納症基金會的執行長，為什麼十萬元竟然不夠一個肯納症患者學會騎腳踏車，執行長解釋：

買一台腳踏車雖然不到一萬元，但是肯納症患者可能要持續花一年才學得會騎腳踏車，需要請一個特教老師擔任家教固定來教導。每個月的家教費以一萬元來算的話，一年就要十二萬元。也就是說，我們需要有十三萬元的預算，才能讓一個肯納症患者學會騎腳踏車一年，且一年後還是學不會的可能性也非常高，但這是無法預期的。

美國的社福體系，會提供亞斯伯格以及其他肯納症成人免費的駕駛課程。我身邊就有一位母親，說到她兒子在美國如何花了一年多，終於考上摩托車駕照時，淚流滿面：「我從來沒有想到，他有一天會有自己行動的能力。」

美國有四分之三的人口可以自己開車，但是肯納症患者只有四分之一能夠開車，而且還有很多自我設限，比如說拒絕在晚上開車，或是不開上高速公路等。即使如此，能夠獨立行動，無論是騎腳踏車、摩托車，還是開車，對於減輕肯納症家人接送的負擔，以及肯納症患者自己的信心建立，都有極大的意義。這十三萬元是否「划算」，不是其他沒有親身面對的人能夠置喙的。

別當社福奧客

如果你對於一個社福團體，願意用商業機制來減少對大眾捐款的經濟依賴，相信這是件對的事，那麼無論是工廠代工的鳳梨酥，還是自製的窯燒藝術玻璃創作，只要喜歡、有需要，不用想太多，就買吧！如果你認為花十三萬讓一個成年人擁有獨立行動的自由是值得的，就支持吧！

如果覺得賣鳳梨酥不對，但他們做的計畫很對，難道不能直接捐款嗎？明明捨不得直接捐款，覺得看得見、摸得著的鳳梨酥比較划算，卻又嫌東嫌西，這樣真的很討人厭啊！

第31回合

倡議身障就業之前，一定要先僱用身障人士嗎？

也想做公益的廣告代理商：

我們是一家有理想的廣告代理商，聽說Google的員工每週有百分之二十的自由工作時間，於是我們公司把這個想法放大，成為公司成立的核心價值，把百分之二十的時間跟精力拿來做「公益專案」。這些專案的內容，團隊的任何成員都可以提，如果我們確認是值得協助的計畫，就算沒有經費也沒有關係。如果很幸運是客戶付費委託的案子，以不虧損或虧損幅度不大為原則就好。

我的問題，來自於一個輔導身障者就業社企的委託計畫，我們評估覺得這個計畫對社會有正面助益，所以就做了。後來有網友留言問我們僱用幾個身心障礙者。我們公司內部正好沒有身障者，而且因為公司規模小，從法律的角度來說並未達到需要僱用身障者的標準。難道沒有僱用身心障礙者，就不能倡議這個議題嗎？

偏激又講求社會正義的褚阿北：

你有想過，僱用身障者其實跟公司規模不見得有關係嗎？（喝一口水）

你想要達成什麼社會目標？

為了這個問題，我特別問了你們的負責人傑克，他說團隊相信「日常革命」的力量。但是什麼叫做「日常革命」？因為阿北頭腦不好，中文也不好，所以請他定義一下什麼叫做日常革命，傑克說：

日常革命就是「不顛覆」，而是從 insight 一點一點扭轉觀念的做法。

所以，這家公司要用商業手段當「溫和的革命家」，聽起來很棒。

但仔細想想，怎麼樣的革命叫做溫和？

政府規定民營事業機構「員工總人數在六十七人以上者，進用具有就業能力之身心障礙者人數，不得低於員工總人數的百分之一，且不得少於一人。」也就是說，六十六人的公司，不需要僱用任何身心障礙者。

如果有一家公司雖然只有六個人，卻僱用了兩位身障者，請問這算是溫和，還是激進？

如果有另一家公司，為了怕僱用身心障礙者會「增加公司負擔」，所以故意永遠維持在六十六人的規模，這樣的經營策略，算是溫和，還是激進？

台灣的社會正義，還是芬蘭的社會正義？

就像賦稅一樣，我們不能因為富人有錢，就強迫他繳交超過政府稅制規定的稅金。這是為什麼美國共和黨總統川普，巧妙地用一年將近十億美金的虧損，作為接下來二十年抵稅免繳的手段，雖然不合乎正義，但確實合法。

「因為我夠聰明。」（That made me smart.）是川普在第一場總統候選人辯論會上被質問時，脫口而出的答案，也因此引起軒然大波，民調一蹶不振。

用財富作為衡量的標準，不同人適用不同的法律，這樣比較符合社會正義的原則嗎？不同的人犯同樣的罪，應該視其擁有的財富多寡，適用不同的罰款標準嗎？雖然聽起來荒謬，但是在芬蘭、瑞典、丹麥、德國、奧地利、法國和瑞士幾個歐洲均富的社會福利國家，確實如此。

二〇一五年三月初在芬蘭，地產大亨古斯拉（Reima Kuisla）在速限八十公里的路上開到時速一〇三公里，被警方攔下，警察立刻與國稅局連線，確認他的所得後，開出了一張要價五萬四千歐元的罰單，超過台幣一百九十萬元。

原因在於芬蘭從一九二一年就開始採取所謂的「日罰制」（day-fine），也就是說，警方抓到超速者，會直接連線國稅局查到違規者所得，將犯法者的一日所得除以二，這半日所得就是芬蘭當局認為開罰的合理金額，所以一般芬蘭的超速車主罰鍰大多在四至五百歐元區間（約折合台幣一萬五千元上下）。

當局可以依照違法程度決定要罰當事人幾天的收入，最高可以罰到一百二十天，沒有設罰款金額上限，因此收入越高，如果嚴重違規，罰款就很可觀了。

事後古斯拉在臉書上憤怒地抱怨：「這裡的規則莫名其妙，這種社會究竟為了什麼而存在。」他甚至考慮離開芬蘭這個對富人不友善的國家。

這種因人制宜的法律，是受到法國啟蒙時期思想家孟德斯鳩（Montesquieu）所影響。當今的北歐大眾也都繼續支持這個日罰制，認為這樣的罰則讓有錢人不會仗著自己有錢到處違規，也才不會發生在台灣偶有所聞的這種事件——

「老子就是要違規停車，罰單隨便你開，因為我的時間比金錢還要寶貴，罰金當作停車費就好了，只要付錢，想停哪裡、就可以停哪裡，多爽啊！」

芬蘭的日罰制雖然讓市井小民大快人心，但這真的符合平等原則的社會正義嗎？

個人即政治

回到僱用身心障礙者這件事。

六個人的小公司沒有僱用身心障礙者，一定有其苦衷。你們就在臉書上提出了「合理」的解釋——

面試部分我們沒有排除過身心障礙者，如果有合適的，我們會採用。

目前我們規模小，沒有能力額外增聘。

如果公司規模發展到超過法定人數以上，我們一定會守法，甚至請客戶協助我們徵人，因為增加這一個員工的負擔，我想我們還扛得住。

在經濟能力不足的現況，又很渴望幫助他們的前提之下，我們能做的就是：貢獻我們的專業，創意。

所以我們公司的官網改版也把後端程式發包給這個客戶，一方面提供案子給他們，另一方面也可以協助他們提升製作水平，證明他們有生存的能力！

但是換一個角度，同樣的說詞，由一個六十七人以上的公司提出來，難道不也是合情合理嗎？跟公司六個人應該沒有關係吧？

而且，網友會滿意這樣的解釋嗎？

實際上，這位網友比原先更加不滿了，立刻指出「一個員工的負擔我想我們還扛得住」這句話：「當受僱者付出他的能力來換取薪資時，你需要負擔什麼？」

雖然你可能會覺得被雞蛋裡挑骨頭非常委屈，但是仔細再看一次你回應的前三點的邏輯吧！第一點先說「不是我們不用身障者，是身障者自己沒有來應徵，有合適的我們當然會用」，但第二點立刻說「我們公司太小，沒有能力聘用」，接著第三點「真的要僱用一個的話，我們會把這個負擔扛下來」，也難怪公司會被網友質疑對僱用身心障礙者的真誠度。

放心，我絕對知道你不是故意的。

孟德斯鳩先生，你的公司從客戶手中收費做了一個倡議僱用身心障礙者的公益專案，可當自己的公司被質疑為什麼沒有行動為先，主動優先僱用身障者時，卻把身障者的僱用形容成「負擔」，而且推責說這是「有能力的大企業」做的事。如果今天立場調換，你會怎麼想？

我肯定你做「日常革命」的努力，也肯定你想要做「溫和的革命家」的理想。但是，從這一個小小的例子，就可以看出「做對的事」其實只是百分之二十的工作，真正必須要花百分之八十力氣的，不是如何辯駁、解釋，而是如何「把對的事做好」。

女性主義曾提出「個人即政治」（the personal is political）的口號，並成為二十世紀婦女運動的核心主張之一，涵義就是說「個人生活處境」與「社會權力結構」的緊密關聯。如果僱用身障者是僱主的責任，就不應該因為公司規模是一個員工、或一萬個人，而有所區別。

很難，是嗎？

是的，正是因為很難，所以才值得做。

另外讓我悄悄告訴你，阿北是一個偏激人士喔！因為我根本不相信有任何革命可以是溫和、不顛覆的。

第32回合

為反同志團體倡議身障就業，是兩碼子事嗎？

也想做公益的廣告代理商：

謝謝阿北之前回覆我們的問題（參考一八三頁：倡議身障就業之前，一定要先僱用身障人士嗎？）。除了身障員工比例，我們還有個疑問。

再說明一下，我們是一家有理想的廣告代理商，我們接了一個輔導身障者就業社企的委託計畫，評估後覺得這個計畫對社會有正面助益，所以就做了。但後來有網友質疑，這個客戶的成員背景，跟一個反同志的宗教組織有關係。我們評估的結果，認為雖然這個社企背後的一部分股東與成員的價值觀有爭議，但是身障者的就業問題本身的確很需要幫助，跟客戶的反同立場無關，我們支持的是身障就業這件事本身，這有什麼不對嗎？

怎麼樣都很有關係的褚阿北：

有沒有關係不是由你決定的。一碼歸一碼也沒那麼容易撇得清。

一碼歸一碼，真的嗎？

無論ＮＧＯ的背景為何，或是他們在其他議題上的立場是什麼，「支持身心障礙者就業」本來就是一件對的事。支持對的事，會有什麼錯嗎？

這幾乎是個不可想像的問題。就好像問任何人，支持音樂教育有可能錯嗎？答案應該是問一百個人有一百個會說，無論什麼情形下，無論自己喜不喜歡音樂，推行音樂教育都是對的。

但是如果這個推行音樂教育的主事者是納粹黨呢？

希特勒上台前，德國「音樂學」面臨相當大的挑戰。作為一個新學科，音樂學在德國大學中尚未完全合法，音樂學者的學術地位也常被外界質疑。因此一直到一九三二年希特勒上台前，全德國只有八所大學聘任全職的音樂學教授，意味著大批音樂學博士找不到工作。但是希特勒上台後，納粹領導人對德國音樂文化遺產特別重視，對納粹有利的音樂學研究項目開始得到政府的慷慨資助，過去由於財政問題不得不停頓的研究機構也得以恢復，比如「皇家音樂學研究所」就是由納粹政府直接插手恢復的。

這個時候，如果納粹黨以保存音樂為名，委託你的NGO組織去與德國為敵的鄰國，為德國音樂學家展開田野工作，搜集曲譜、樂器、手稿等，避免音樂在戰爭中流失，無論你是不是猶太人，有沒有家人或朋友被納粹迫害，你有權利說「政治歸政治、學術歸學術」嗎？

如果已經不小心遇到了，該如何回應？

我仔細看了你的組織被網友質疑的留言，也看到你的第一次回應：

「我們合作的是○○社會企業，不是同名的○○教會。○○社會企業由身心障礙者組成，努力學習技能，放棄補助，接受網站設計工作，以自己的能力養活自己，找回尊嚴，非常了不起。」

這是你犯的第一個錯誤：「否認」。

接著你又補充：「○○教會我們不熟悉，所以也不表達任何意見，謝謝。」

這是你犯的第二個錯誤：「撇清」。

請問音樂工作者可不可以到奧地利對著被迫害的猶太人說：「我們是音樂工作者，納粹黨我們不熟悉，所以不表達任何意見，謝謝。曲譜趕快給我！」

問題有解決嗎？並沒有，這個質疑的網友顯然更加不滿意了，提出他的回應：

「我不會笨到在提出疑慮前，沒先去查他們後面的關係。我想你們也應該要去Google看看。」

這是你犯的第三個錯誤：被支持者認為「愚笨」。

既然被緊咬不放，你不得不再次回應：

「我們當然查過嘍！或許○○社會企業背後的一部分股東與成員不符合大眾的價值觀，但這與這些勇敢的身障朋友們無關，我們支持的是這件事本身，也邀請你一起支持○○社會企業的身障朋友們。

「更重要的是：我們也實地去過○○社會企業拜訪，跟身障朋友見過、聊過、討論過，我們想要幫助的是○○社會企業的朋友們喔，謝謝你的提醒。」

於是你犯下了第四個錯誤：為不是自己的問題「背書」。

一旦連續犯了這四個「否認」「撇清」「愚昧」「為錯的價值背書」的錯誤，你在對方的心目中就不再是個努力讓世界變得更好的人。如果這個○○教會對同志的迫害屬實，對於認定自己是受害者的族群來說，你這四個錯誤，就責無旁貸地讓自己變成了劊子手，就像幫助納粹政府去鄰國收集曲譜的音樂學者——即使沒有把任何人推進毒氣室，不是共犯，也是同路人。

我不知道你們公司內部，是不是事前確實充分了解「〇〇教會」與「〇〇社會企業」之間的關係和立場，以及社會觀感，並且評估過幫助這個團體的機會成本（包括帳面成本，以及潛在成本，比如可能為公司帶來的負面形象）。如果這是評估之後團隊共同的決定，那麼應該在第一次被質疑的時候，就直接誠實說明公司的決策過程，清楚選邊站，千萬不能模糊處理，即使坦承公司認同〇〇教會的價值觀，都有可能得到對方的理解。

可是，如果是在網友質疑之後，公司才發現這一層關係，而且是不能接受的價值時，與其試著去轉圜、解釋，自圓其說，不如直接坦承是事前團隊功課做得不夠，下次會小心，不再犯同樣的錯誤，或是選擇立刻終止合作計畫，都會比「可是身障者比較需要幫助」更有說服力。因為弱勢者A的確是有可能對另一群弱勢者B歧視，「同為弱勢者，所以同志跟身障者之間不會彼此歧視」「同志比身障者需要幫助」或是「身障者比同志更需要幫助」，都不是正確、符合邏輯的說法，而且不是你的立場所應該做的價值判斷。

世界上有許多殘酷與難解的現實，接觸NGO的人，會比其他人有機會看到更多，或是更加敏感，就像NPOst這個專欄的主編所說：「弱弱相殘」往往比「強欺弱」更常見。

至少，你避免了最糟的情形。因為在台灣，網路上責怪對方「玻璃心」「想太多」是對於受害者最大的汙辱，很高興你們沒有人走上這條路。有沒有關係，不是我們自己說說就算數。

下次再遇到公關危機，與其「否認」，不如「承認」；與其「撇清」，不如「負責」；與其事發後「裝笨」或「裝聰明」，不如「承認自己笨」；與其「為錯的價值背書」，不如「快刀斬亂麻」。這是一個很好的練習。因為這不會是第一次，也不會是最後一次。

第 33 回合

世界展望會應如何處理同志議題危機？

憂心忡忡的非營利組織工作者：

二〇一六年十二月二十九日，台灣世界展望會針對近日網路的反同婚議題頻傳，發表了一則澄清聲明，其中第三點強調會中「不曾因為工作人員的婚姻狀況或性傾向而影響其任用及升遷」。結果，政大社工所的王增勇老師立即發表文章回應（參考：政大社工所所長王增勇——那一年，我因為同志身分被迫請辭世展會董事）。世界展望會也立刻在其官網新聞稿中回應：

……關於王增勇教授於個人部落格貼出〈那一年，我因為同志身分被迫請辭世展會董事〉一文，如同王教授文中所言，台灣世界展望會是專注於兒童關顧與貧窮問題之機構，台灣世界展望會無意也無能參與台灣社會爭議性極大的同志議題。在八年前台灣社會對性傾向議題尚較保守之環境下，王教授受聘擔任本會董事，但本會在知悉王教授為出櫃同志並積極參與同志平權運動後，因恐被誤認為本會亦積極參與並支持同志運動，所以在極為遺憾之情況下，請王教授辭去董事，至今仍感抱歉。本會先前聲明中謂其員工之任用升遷，及其服務之對象選擇不受性向影響，的確屬實，可受檢驗。

但即使如此，也沒有辦法減少許多支持者對於世界展望會的失望，作為一個NGO，當道歉也沒有用的時候，該如何危機處理？

也很關心性別平權的褚阿北：

針對這個問題，我詢問幾位在台灣世界展望會的朋友的個人意見，聽到三種說法，他們的發言都只代表自己的觀點，而非代表組織。

有一個朋友認為，評斷一個組織要看重點——

我不知會內怎麼處理，但看世展會有沒有因為弱勢小孩是同志而歧視不資助，不是比較重要嗎？我在工作上，確實看到世展會並沒有因為索馬利亞的小朋友是穆斯林而把他們排除在外、見死不救，所以要看重要的。

第一種說法是：對世展會來說，資助計畫才是「重要的」、應該受到檢視的重點，內部的人事則是「不重要的」。

另一個非基督徒的世展會員工，他的看法是——

如果問我基督教有沒有反同志的，當然是有的。問我世展會有沒有基督教的包袱，當然是有的。像我自己是非基督徒，不論能力多強，就是不可能升到中、高階主管，做到死都是，這就是有宗教包袱的NGO的現實。限制當然是有，可針對同志問題，作為員工，我確定台灣世展會內對於是否支持同婚這件事，完全根據個人的自由意志，所以我覺得不能把世展會看作支持反同志的基督教會。

這是第二種說法：台灣世展會雖然是本著基督教精神的NGO，但是並沒有也不會跟著反同志的基督教團體搖旗吶喊。

還有一個朋友則說，歧視的存在，只是反映社會現實——

這個世界強國歧視弱國，強者歧視弱者，富人歧視窮人，本來就是殘酷的現實。雖然每個人都有身為人的權利，法律之前人人平等，相愛的人也應當有結婚的權利，卻沒有義務要彼此喜歡，無論是不是同志、黑人、女人，一定都有不喜歡你的人。歧視到處存在，世展會只是世界的一部分而已，就像一家公司一樣，大家的道德標準有必要那麼高嗎？

照這第三個說法，世展會只是社會的縮影，不應該被放大鏡檢視，或用更高的標準要求。

這三種說法都各自有其道理，就像世展會的聲明跟道歉一樣，但為什麼這些有道理的說法，卻無法在第一時間讓這個危機消除呢？

如果販賣的是善心，「結果」跟「過程」就同樣重要

布雷克．麥考斯基（Blake Mycoskie）創辦的 TOMS 社會企業，企業模式建立在「賣一捐一」（One for One），強調每賣一雙鞋，就會透過下屬的基金會捐一雙給沒鞋穿的小孩，至今在超過七十個國家已送出六千萬雙鞋，因此變成「做生意也要做公益」的社會企業範例。

假設 TOMS 基金會捐鞋子給非洲索馬利亞的伊斯蘭民眾，但是傳出在以天主教教徒為大宗的衣索比亞製鞋工廠，卻有工廠作業員因為是伊斯蘭教徒而被解僱，你覺得這對於

支持 TOMS 的消費者來說，會不會是一個問題？TOMS 應該要怎麼做危機處理？一直強調送很多鞋子給伊斯蘭民眾，這樣有用嗎？

這個例子雖然極端，但意思相差無幾。當「善心」是你的核心產品時，無論是 TOMS 生產的鞋子，還是世展會的資助計畫，就不能告訴「消費者」他們只能看捐鞋子、贊助學童的數量來評斷，而不准看過程或內部管理是否也同樣符合正義原則。

如果沒有這麼想，就請用行動來證明

美國世展會的 CEO 在二〇一四年三月二十四日宣布，世展會願意僱用正式登記為同性伴侶的基督徒，但短短兩天之後，就在福音教會的巨大壓力下收回成命，因為這些保守的基督教贊助人揚言要抽離對世展會的鉅額金錢贊助。這個峰迴路轉的事件，直到三年後的今天，仍然在支持同志平權運動者心目中，給世展會的聲譽帶來很大的傷害。

美國世展會的立場，並不能完全解釋台灣世展會，因為美國世展會是以「基督教會」登記的，台灣世展會則是「非營利組織」，結構上不同。而且世展會在不同國家對於支持同志的立場也不同，比如世展會在澳洲跟加拿大的分會，就公開支持同志平權。

所以台灣世展會的立場是什麼呢？世展會在聲明中說「八年前台灣社會對性傾向議題尚較保守之環境下，請王教授辭去董事，至今仍感抱歉。本會先前聲明中謂其員工之任用升遷，及其服務之對象選擇不受性向影響，的確屬實，可受檢驗。」

如果台灣世展會確實相信聲明裡說的每一句話，對於八年前的決定也感到後悔，那麼最好的危機處理就是用行動證明。即便有被拒絕的可能，仍當面邀請王增勇教授再次任職台灣世展會董事。

NGO應該跟食品一樣，誠實標示宗教成分及含量

在NGO的組成當中，不可否認也包括為數眾多的「宗教財團法人基金會」以及「寺廟、宮、教會等宗教組織」。以一項二〇〇〇年發表的研究為例，光是後者的宗教組織，就占了總制度途徑的百分之三十三．二，換句話說，台灣確實有許多NGO本身就是宗教團體，或帶著強烈宗教背景，因此看待這些NGO所推出的「商品」時，必須記得宗教組織有不同的標準，不能用普世的正義價值來看，比如「同志」問題，或是用純科學理性的標準來檢視「放生」問題。

意識形態跟宗教信仰的包袱，當然會成為NGO的行動限制，就像政府主導的非營利組織也會有特定的行動限制，一旦斷交就終止的傳染病防治計畫，這種前功盡棄的政策，都不是可以用常識來理解的。

如同美國世展會可以因福音教會改變政策，就看得出在這個食物鏈關係下，美國世展會

的行動限制底線在哪裡。很多時候，這些組織自己也無法清楚說明，並不是不願意，而是確實不知道自己心目中所珍視的「宗教價值」，其實很多時候也是組織發展的「宗教包袱」。

世展會在全世界就是典型以「宗教原則」帶領的ＮＧＯ。台灣的世展會是一個用「基督教的宗教原則」作為基本方向的「宗教財團法人基金會」，雖然跟教會的「宗教組織」不同，但也跟非宗教的ＮＧＯ有絕對不同的價值觀。所以一般人必須有足夠的知識，分辨自己支持的究竟是「打著宗教之名進行歧視與迫害的ＮＧＯ」，還是一個貫徹信仰的「宗教組織」。在支持一個有宗教背景的ＮＧＯ之前，請理解宗教團體一定有不得已的包袱。

當然，讓民眾能夠一眼辨識，也是宗教團體主導的ＮＧＯ應該要盡的責任，就像食品外包裝要有清楚的成分標示，ＮＧＯ當然也要清楚標示，不能平時為了募款方便隱藏身分。有些國際組織到了台灣，就像部分進口食品一樣，明明國外廠商清楚標示，進口後卻「用中文貼紙遮住」，等到價值觀出現無法彌補的裂痕時，才讓多年的支持者突然有「上當受騙」的感覺，這是最笨的經營策略。

我願意相信，在這個事件當中，每個人都是充滿善意的好人，可惜通往地獄的道路，往往是善意的石頭鋪成的。如何處理危機，不只做對的事，還能把對的事做好，就是對ＮＧＯ與工作者的好人們最大的考驗。

第 34 回合

被罵到臭頭的 TOMS 鞋，接下來做了什麼？

支持 TOMS 的NGO工作者：

阿北，我覺得你對 TOMS 鞋有偏見！我本身也是資深的 NGO 工作者，幾年前看到這個品牌創辦人布雷克的故事，他本來想要成立專門捐鞋子的慈善機構，但發現勸募來源經常青黃不接，才決定以「One for One」（每賣出一雙鞋子，就送一雙給孩子）的方式，為貧童盡一份心力。我因為很認同，所以現在除了 NGO 的工作，也加入販賣 TOMS 鞋的行列。我不認為 NGO 應該打壓社會企業的成功模式，甚至覺得 NGO 工作者都應該讀《TOMS Shoes：穿一雙鞋，改變世界》這本書，學習社會企業如何成功！

憑良心說話的褚阿北：

TOMS 被罵已經不稀奇了，稀奇的是它接下來的反應！

這個專欄的讀者應該都覺得阿北很討厭 TOMS 鞋子的商業模式，好像「多做多錯，少做少錯，不做不錯」，因為光是從這個專欄開始以來，TOMS 至少躺著中槍過兩、三次，被當作負面教材。但是阿北告訴你一個祕密！這世界上偏激的人其實不止我一個（拉人下水），就像社企流曾經翻譯 Project Repat 的共同創辦人 Nathan Rothstein 的這篇〈「你買我送」要當心〉，裡面開宗明義就說——

你買我送模式的社會影響力的確值得質疑。確實，他們沒有真正解決系統性的社會問題，反而一直送出免費產品，此舉阻礙了當地市場的活絡，畢竟沒有人能和免費的商品競爭，就算是高國民所得的國家也不例外。

「經濟學人」也在二〇一六年十一月的文章〈Free two shoes〉中，毫不留情地批評——

「證據顯示，這種消費者的光環根本攏是假。」（Evidence suggests that shoppers’ warm glow is unjustified.）

當然，並不是「送」的東西都不好，也不是「你買我送」的模式本身絕對不可以接受，而是當魔鬼藏在細節裡的時候，有時候外人看起來差不多的捐助模式，中間也蘊藏著很細微的差異，而正是這些細微的差異，使其影響力天差地別。

比如同樣是捐衣服，捐T恤到非洲我覺得不行，捐冬衣給在台灣外海工作的東南亞漁工，我卻覺得很有意義。同樣是捐日常生活用品，TOMS 的鞋子賣一捐一我不苟同，但捐舊眼鏡框、鏡片、免費配鏡給沒錢配眼鏡的人，我卻舉雙手贊成。

TOMS 以企業的名義，用兩雙鞋子的價格賣出一雙鞋子，然後用其下屬基金會的名義捐出一雙，消費者覺得自己消費的同時也在行善，沒有鞋子穿的人也因此得到免費的鞋子。這個模式已經進行了十年，受捐助的國家跟人數都不停攀升，已號稱捐出超過六千萬雙鞋。但我卻不覺得這是一種成功，因為如果每到一個地方，就用免費的鞋子打趴當地脆弱的製鞋工業、靠賣鞋維生的家庭小店，這樣只能說做得越大、越「成功」，負面的後果越不堪想像，絕對不是一個好的慈善模式。

為什麼買一捐一沒有幫到任何人？

另一個重點是：一個窮得連鞋子都沒得穿的人，你覺得他人生最大的問題，是沒有鞋子嗎？

沒有鞋子穿只是冰山的一角，這個看得見的問題，背後的意義更大：連鞋子都沒得穿，那他根本吃不飽吧？生病不可能看醫生吧？能上學嗎？晚上有可以遮風擋雨的地方睡覺嗎？只給一個沒東西吃、沒地方睡、沒有乾淨飲水、沒有辦法接受教育、沒有醫療的街童一雙新鞋，真的是他最需要的東西嗎？其實根本沒有解決他生命中任何真正、實質的問題吧？他就只是莫名其妙突然有了一雙就算有錢也不會想買的鞋子。

實際上，確實就有得到免費鞋子的小男生反應：「這種懶人鞋很娘，一點都不酷，害我被同學笑說穿孕婦鞋。」

不過，抱怨歸抱怨，但他有沒有穿？當然還是有穿，因為不穿的話就沒有鞋子。實際上，得到免費鞋子的小朋友，百分之九十五都真的有在穿，而且其中四分之三的小朋友每週穿三次或以上。但老實說，如果有選擇的話，一個小男生打死他也不會花錢買 TOMS。

他有「需要」，但這並不是他「想要」的。而且雖然這個需要是真的，卻不是最「迫切」的。

為什麼不能直接給錢，讓人可以去買他真正最需要的東西呢？因為 TOMS 是鞋公司，對於一家鞋商，成功的商業模式就是可以製造更多的鞋子、賣出更多的鞋子、更多人穿他們家的鞋子，而不是給現金。

真心反省不嫌晚

但 TOMS 的創辦團隊卻在創業四年後做了一件很棒的事，一件尤其是許多成功的大型 NGO 或社會企業不願意做的事——「反省」。

我誠心佩服 TOMS 的地方，是面對各種批評的聲浪，他們在二〇一〇年底主動跟舊金山大學（University of San Francisco）的經濟和國際研究專家 Bruce Wydick 教授聯繫，請他成立一個研究團隊，針對 TOMS 的「賣一捐一」成果進行效度評估，並且確保這個團隊可以自由發表任何他們發現的結論，不需要經過 TOMS 這個出錢客戶的審查。

這樣的氣度真了不起。

於是這個以 Bruce Wydick 教授為首的學術團隊，自二〇一二年年底開始，隨機在薩爾瓦多共和國（El Salvador）挑了十八個農村社區裡的九百七十五個家庭，針對這些家庭裡一千五百七十八個得到免費 TOMS 鞋子的六至十二歲小朋友，進行長達幾個月的追蹤調查，將他們跟沒有得到免費鞋子的小朋友做追蹤對照，看這些免費的鞋子究竟有沒有對當地的鞋販生意產生排擠效應，以及免費的鞋子究竟有沒有改善小朋友的生活品質。

結果有一個好消息跟兩個壞消息。

好消息是，TOMS 並沒有擊垮當地的鞋販。學術團隊估計，TOMS 的計畫，只讓當地鞋販在每二十雙鞋子中少賣出一雙，所以衝擊不算大。

然而第一個壞消息是：送鞋根本沒用。

這些免費的鞋子，並沒有在孩童的生活中產生任何實質意義。無論評估的指標是身體或心理的，從改善無鞋可穿的狀態、足部健康、整體健康狀態，到上學的出席率，或是心理影響（包括自尊心）、時間分配（在戶外玩耍還是在家看電視等）……

結論是，有沒有得到 TOMS 免費鞋子的孩子都一樣。

第二個壞消息是：孩子的依賴性變強了。

這些收到免費鞋子的孩子，回答「別人應該免費提供我家需要的東西」的比例，高達百分之七十九，而不是「我的家庭應該提供給我需要的東西」。但沒有收到免費鞋子的社區，只有百分之六十六的人這樣想。換句話說，送鞋子沒有任何正面的影響，唯一明顯的影響卻是負面的——大幅增加對外來援助品的依賴性。

所以，「援助、送東西」不是想像中那麼簡單、有效的事。

行動者不能只有行動

TOMS 經營團隊得到 Bruce Wydick 教授的結論後，做出了兩個策略上的調整：

不再限制只送 TOMS 的鞋子：穿 TOMS 懶人鞋會被笑的社區，改送小朋友運動鞋，像蒙古這種冬天冰天雪地的地方，則改送小朋友專用的靴子，不再只為了增加 TOMS 的製造跟銷量，強迫受捐助者穿不合宜的 TOMS 鞋。

改變捐助方法：比如跟學校合作，以學生出席率作為指標，讓免費的鞋子變成上學的獎品，用這樣的方法來提升上學率。同時開始另外一個計畫，同樣是「賣一捐一」，但捐贈品項是有度數的眼鏡，因為「視力」比起「鞋子」對於學習有更實質、直接的影響。

（更多細節，歡迎參考 Bruce Wydick 教授的部落格。）

至於阿北的結論是——

不謹慎、沒有反省的行動，不但沒有實質意義，反而有可能帶給社區扭曲的價值觀。在發展工作領域，一直有所謂的「Do No Harm」（別帶來傷害）原則，是我們彼此之間要時時互相提醒的事。我們想做的努力、捐款人覺得重要的事，不一定對當地社區有用，但如果堅持要做，至少一定不可以帶來傷害。

行動者不能只有行動，還要有真心反省的氣度，有勇氣檢討自己計畫的核心價值，否則就像很多發展計畫一樣，日後做得越成功，就越難回頭去承認錯誤，只好將錯就錯，像滾雪球般，終究演變成無法收拾的局面。

第 35 回合

Uber 翻轉了乘車體驗，為什麼卻做不出新型態的慈善？

關注公益的捐款人：

最近我接到 Uber Hong Kong 的訊息，說他們在幫香港失明人協進會（Hong Kong Blind Union）籌款，在為時一週的募款期間，搭乘的車資會有百分之一捐給協進會。雖然這樣是不錯啦，但是我更期待看見 Airbnb 或 Uber 這種新型企業在涉足公益慈善領域的時候，也能像他們自己在搞創業般有創見，而不只是讓傳統慈善多了一個傳統形式的募款管道而已，請問我這樣的想法是否太嚴苛了？

鬼點子很多的褚阿北：

你的想法不是「嚴苛」。把責任推到別人身上的行為，簡單來說，叫做「不負責任」。

無法創新，就無法解決問題

亞馬遜帶來線上購物的革命，Uber 翻轉了計乘車業在大城市的生態，Bitcoin 跨越傳統貨幣的交易概念，Airbnb 也顛覆了住宿旅館行業，這些創新型態的企業都大大改變了世界。

然而，在進行慈善活動的時候，這些企業卻異常守舊。Uber 捐車資的百分之一給慈善機構，亞馬遜則是透過 AmazonSmile 頁面購買的消費者代為捐百分之〇．五購買金額，Bitcoin 也只是讓一些非營利組織可以接受以 Bitcoin 貨幣捐款，Airbnb 在二〇一六年支持難民的計畫中，則是捐八十萬美元現金給美國政府指定捐助的聯合國難民署（UNHCR），以及二十萬美金的旅費額度（交通、住宿等）給如國際救援委員會（IRC）或美慈組織（MercyCorps）這樣的救災組織工作者，幾乎沒有任何稱得上新意的做法。

美國創業家跟慈善家 Dan Pallotta 認為，這種現象可能是大眾對慈善事業「歧視」的其中一種結果，因為民眾認為企業創新承受風險是理所當然，例如很少投資人會質疑 Google 或是 Facebook 作為新型態行業的創業前十年，為什麼不賺錢。但如果是非營利組織所提出的募資方案或慈善行動，卻會以「禁止失敗」為前提，只要沒有達到立竿見影的目標，就會馬上遭到質疑。Dan Pallotta 認為非營利組織或是慈善活動因此不敢創新。既然無法創新，自然不會有能力去面對、解決社會所面臨的新型態問題。

Dan Pallotta：我們對慈善的想法完全錯誤

雖然這些新型態企業的慈善方式很老套，但確實做了努力，並非一無是處，不該被貶抑。

換個角度想，這些企業雖然不敢（或不願）創新慈善的方式，但確實引發了使用者用意想不到的方式去宣揚一些議題。

比如 Airbnb，雖然沒有為難民做什麼除了捐款給政府及國際組織以外的幫助，但一群在希臘的敘利亞難民營裡住了超過三個月的難民，在無法喚起國際注意的絕望情形下，卻突發奇想，利用了 Airbnb 的平台，張貼了位於希臘首都雅典北方八十公里外的 Ritsona 難民營床位。在住宿特色這一欄裡，還標榜這是一個「來希臘的獨特體驗行程」「歡迎親自感受當一個敘利亞難民的難得機會」「當歐盟的政客們打嘴炮說難民問題時，你可以有貨真價實的難民經驗，親自生火煮飯，體驗攝氏四十一度的高溫、恐怖的衛生條件、友善的蠍子、被政治人物出賣，甚至脫水」，不但可以「免費停車」，還可以跟其他六百名難民一樣使用活動式廁所。

裡面甚至諷刺地說，「如果你幸運的話，搞不好可以洗一、兩次熱水澡」「原本該有廁所的地方是寬敞的空地，可以讓小朋友在此盡情玩耍，歡迎一起來玩」「長住還可以打折」「教育跟醫療都『偶爾』有提供」……雖然 Airbnb 很快因為「不符合本網站的服務契約」為名，強制刪除了這則用英文寫的廣告，但這個難民營的狀況，卻因此在國際媒體間一舉成名。

Airbnb 之所以開始為難民募款，承諾捐助一百萬美金，其實也是拜這則高能見度的假廣告帶來的壓力之賜。

認為創新企業就必須在每一個面向都能做劃時代的創新，就連做慈善也不例外，無疑是不切實際的要求。但作為一個 NGO 工作者或試圖伸張正義的社會運動者，卻可以發揮創新精神，主動利用這樣的創新平台作為倡議工具，讓議題在原本不會被注意到的檯面上浮現，因此達到意想不到的好效果。

退一步想，用雙重標準來要求創新企業要比一般傳統企業有更高的標準，並不見得符合正義，邏輯上也不通。與其讓人聽起來像是一個吵著要糖吃的小孩，還不如要求自己有創新的想法，使用這些創新企業打造的新平台，做更有創意、新型態的倡議，如此至少更像個負責任的大人。

第 36 回合

二手衣捐贈為什麼永遠超出所需？

五十一歲的公益組織工作者：

關於二手衣物帶來的災難：每次有人在 Facebook 或 LINE 發布訊息，動輒都會有成千上萬的點閱，再加上周遭朋友不斷分享或複製貼上，常常一、兩年前的資訊，都事隔兩年了還不斷被廣傳。一個 NPO 要長久經營及照顧的案主量很多，物資當然會有需求，量多時也會造成負擔。特別是二手衣物，每到換季時分，就好像家裡大清倉一樣，好的、壞的、全新的、老舊的、濃濃霉味的……不知有什麼樣的東西，常常會讓人出乎意料，親送、貨運寄送……各種管道都有。

有的捐助者會先來電詢問實際需求，但未聯絡的遠比聯絡的多，單單收二手衣就會讓倉庫爆滿、人力無以負荷，但是大家的愛心我們真的難以婉拒。請問阿北我們該怎麼辦？

永遠都很冷靜的褚阿北：

不是捐助者的愛心有問題，是ＮＧＯ的管理有問題！

先想清楚為什麼要募集物資？

如果今天你家的貓狗走失了，心急如焚之下有三個處理方式，請問你會怎麼辦？

報警處理。

在住家附近的電線杆貼海報。

在臉書上請大家協尋。

這三種方法的目的只有一個，也只該有一個，那就是「找到你的寵物」。

但是哪一個才是最有效的方法？

到警察局報警，最可能的結果是不被受理。無論你覺得你的狗再寶貝，如家人一樣重要，但是於情於法，警力不會也不應該為此出動進行地毯式的搜索。

在社群網站上「瘋傳」，大概是三個方法中最簡單的。台灣的朋友都看到了之後轉貼，隔天住在澎湖七美離島的朋友也看到了，過了一個禮拜，轉到在比利時打工度假的朋友那裡，一年之後，連那個朋友的寄宿家庭的女兒的同學在埃及也看到了。你的狗紅遍世界了。

但是這跟在自家附近的電線杆貼布告，哪一種找狗的效果更好？

如果你的目的是為了要「找到寵物」，而不是為了讓這隻可憐的動物出名，就必須要選擇能夠「管理」的方法。

管理，就是記得自己貼了幾張布告、貼在哪裡，等找到寵物以後，到每個電線杆一張一張撕下來，一張不留，才不會一年之後還有人打電話來。

如果沒這麼做的話，就不能責怪一年後還打電話來的「善心人士」。

管理，就是不能在協尋一隻狗的海報上，還「順便」找一個走失的老人，還要廣告一下網拍的太陽眼鏡。

在充滿熱血開始募集物資的任何行動之前，是不是已經想清楚如何有效募集物資、管理募集而來的物資？並且將所有適用與不適用的物資，做完善的處理，才是真正有效的管理。

管理募集物資該怎麼做？

當然，無論多麼明確的標註，都會有人捐助不合規格的品項，或是在期限超過之後才捐助，這些都是事前就可以想到的事。

什麼是好的管理？舉例來說，美國有一家羽絨衣品牌，定期回收二手舊羽絨衣，收到捐贈的冬衣之後，立刻分成三個等級，品質最好的堪用品，捐贈給在喜馬拉雅山擔任登山嚮導的雪帕人。

第二個等級是堪用的羽絨衣，拆解之後的羽絨回收，可以用來製造保暖手套的填充材料。最後剩下的是接近垃圾的無用品，就拿來作為燃料發電、取暖之用。

二〇一五年，一個位於屏東的NGO為外籍漁工募集一千一百件冬衣，他們在「募集物資說明書」中，光是「緣起」部分就占了總篇幅的四分之三：

依據行政院勞工委員會統計，截至一〇二年八月爲止，來台工作的外籍勞工人數已達四十六萬九千一百九十九人，其中從事農林漁牧業海洋漁撈工作者九千四百三十五人，占所有外籍勞工人數的百分之二十，而受聘僱者在宜蘭縣境內有兩千一百三十三人，占百分之二十二，居全國之冠。

外勞多來自東南亞熱帶國家，且在海上從事漁撈作業，本地冬季溼冷氣候，對這群外籍漁工來說除了工作的辛勞，還必須忍受寒風刺骨的折磨，確實是件痛苦的事。

也因爲外勞之母國當地全年平均溫度都在三十八度左右，根本用不到較厚的冬衣，來台後四季分明的天氣，到了冬天根本沒有厚衣物可保暖，在如此嚴峻的氣候下，仍然必須要在海上討生活；而他們微薄薪資，除要維持自身在台生活需求，甚至還需將部分薪資償還初來台工作時的台灣印尼仲介費，及匯回母國家裡協助貼補家用。

故，希望能爲在宜蘭縣境內，從事海上漁撈作業工作的外籍漁工募集冬衣外套，陪伴他們度過寒冷的冬天，讓他們能在他鄉異地勤奮工作、奉獻勞力時，同時也能得到台灣人的愛及關懷與溫暖的照顧。

接著列出「發起單位」「理事長」「承辦人」的姓名、各種聯絡方式（手機、辦公室電話、傳真、E-mail），然後是「受贈單位」以及這個單位對口的承辦人、聯絡方式，接著是受贈單位的理事長姓名。

最後才冒出一行「物資需求」：只寫了「外套一千一百件」。

新衣或是二手？男用或女用？可不可以捐T恤？襪子呢？毛衣呢？衛生衣需要嗎？捐到哪裡去？地址？捐助還是郵寄？起始跟截止日期？

全都沒有在說明書中呈現。

結果，原本要募集清一色男性冬衣的募集活動，卻（當然）收到了很多睡衣、童裝、鞋子、女性內衣，那也是意料中的事了！

第
37
回合

教非洲小孩洗手，真的很重要嗎？

路過好奇的公益觀察家：

阿北，上次我看到NPOst刊出的這篇〈「洗手到底要教幾次？」付錢才找得到聽眾的公共衛教〉，覺得很奇怪。一來是不懂為什麼NGO都那麼愛教別人洗手？二來是，付津貼讓人去參加活動，真的很不應該嗎？想聽聽阿北的意見。

深思熟慮的褚阿北：

為了這篇文章，我特地請教了目前正在希臘北部的國際NGO進行敘利亞難民安置工作的醫療人員A，想知道她有什麼看法。

可能是因為她當時剛好很餓吧，很直接就做出兩點結論：

這種文章真無聊！

這種計畫根本浪費錢！

（性格比阿北還要火爆的第一線NGO工作者，還真的是滿多的。我覺得應該是難民營當地飲食造成體內電解質不平衡的關係。）

洗手衛教是NGO的入門款

首先，覺得這篇文章無聊，是因為文章的重點雖然是在說NGO的出席費，如何破壞了社區居民跟NGO之間應有的良性互動，但身為醫療專業人員，她覺得洗手活動實在很蠢，蠢到爆。

「洗手這件事，UNICEF（聯合國兒童基金會）還有WHO（世界衛生組織）的海報早就遍布全球了，到底是人學不會洗手，還是根本沒有水可以洗手?!」A說，「如果是沒有水洗手，請問是用活動可以解決的嗎？而且洗手這件事情是health behavior（健康習慣），難道健康習慣是辦個活動就可以養成的嗎？」

「是這樣說沒錯啦，但妳記不記得，十年前妳第一次到奈洛比工作，計畫內容是什麼？」

「呃……有點遙遠，好像就是『洗手計畫』。」她突然愣了一下。

「那妳記不記得那個計畫有沒有成效？」我問。

「嗯，那麼久以前的事，哪會記得？而且那時候太嫩，根本還不太知道自己在做什麼，只是做組織交代的事。」

「所以有沒有可能，洗手計畫對於衛生相關的ＮＧＯ來說，像是醫療團或國際志工的入門款，找點事做的意義大於洗手活動對於社區的意義？」

「這樣說，也是有可能。」

「所以這些現在還在認真教地方社區洗手的社區工作者，十年之後，可能會跟妳一樣，找到自己的計畫跟方向，根本忘了當年自己很菜的時候，也是莫名其妙在教洗手？」

「或許。」

就像Ａ說的，其實非洲人是很愛乾淨的。回想過去在馬拉威工作時，她去別人家吃飯，才發現當地人吃飯前，每個人面前本來就都會準備一盆專用的洗手水，根本不像外界想的那樣。這種時候，應該會很想鑽進地洞裡去吧？

關於醫療或衛生相關ＮＧＯ堅持要到社區來教洗手這件事，我在緬甸的鄉間也遇過幾次，一開始我總會火冒三丈，但是到後來比較成（ㄧㄡˊ）熟（ㄊㄧㄠˊ）後，通常會禮貌地請問這個ＮＧＯ兩個問題：

你怎麼知道他們不會洗手？

如果我可以協助組織在行前跟當地工作者聯絡上，你是否願意先詢問社區最需要的是什麼，再來決定衛教宣導的內容？

通常這就能解決問題。如果有更好的宣導方向，幾乎沒有「堅持」非要教洗手不可的ＮＧＯ，畢竟洗手又不是什麼邪教！比如非洲這幾年衛生習慣的需求重點，就不再是洗手習慣，而是針對大小便習慣的衛教。

但洗手確實感覺比教導如何處理大小便「乾淨」，不曾到第一線現場工作的ＮＧＯ工作者比較不會排斥，就像被派到印度德蕾莎修女創辦的「垂死之家」服務的義大利年輕修士，寧可去擦窗戶，也不要去碰痲瘋病患的排泄物。但說他們沒有愛心未免又太嚴苛，只能說菜鳥的心理障礙需要慢慢破除。某種程度來說，從「訓練新進人員進入社區工作」的層次來看洗手活動，可能比檢視其社區效果來得更有意義。

公平，不見得適用所有情況

文章當中的背景是 Kibera（基貝拉貧民窟），根據我一位目前在現場工作，熟悉當地狀況的國際健康（Global Health）領域的同事分析：

「住在 Kibera 的人其實有很多在首都奈洛比（Nairobi）工作，但因為奈洛比的租金無敵霹靂貴，無法付這麼多錢去租房子，所以才住在 Kibera 過著通勤生活。只要上下班時間看到超級多人在奈洛比跟 Kibera 之間通勤，就不難推測 Kibera 的現況，其實不能單純用『貧民窟』來理解。」

從上班族的角度將心比心想一想吧！如果每天要上班的人，為了配合參加 Kibera 的 NGO 組織活動，而無法正常上班賺錢的話，靠日薪才能剛好生活的窮人，維生的成本是不是應該有人來負擔？

這時，就又要回到阿北常說的「價值」與「價格」這個經典問題。

今天如果這個 NGO 的計畫很有「價值」，比如可以拿到免費的種子跟天然肥料，並且學習到在自己家後院種植有機黃豆，知道採收以後要如何將這些黃豆帶到合作社，免費使用磨豆機來製作成豆漿跟其他豆類製品，改善家人蛋白質缺乏的問題，甚至有自己吃不完、多出來的量可以賣給合作社，那麼參加這個計畫的「價值」，可能就比去市區打零工一天所掙的錢更高。

一旦這個計畫在當地社區居民眼中，顯示出足夠的「價值」，就不用考慮出席的「價格」，就算沒有出席費，現場只有清水可以喝，當地居民也會參加。

當一個 NGO 發現，如果不給出席費，就不會有人想要來參加的話，不應該先責怪社區民眾被其他 NGO「慣壞」了，而應該先檢討為什麼這樣的計畫，明明是對社區民眾有利的，在當地人心中卻沒有任何「價值」，甚至必須把浪費的時間換算成出席費？

老實說，我們在緬甸針對社區工作者進行訓練工作，「出席費」「交通費」「誤餐費」的確也是相當常見的補貼方式，但隨著我在當地工作年數增加，對於這件事逐漸抱持著比較寬容的想法。

因為緬甸鄉間交通不便，如果訓練工作在城市進行，交通費用跟時間成本確實很可觀。比如我在欽邦（Chin State）辦活動的時候，會有一些工作者因為非常認同這個訓練活動的「價值」，以至於從印度邊境的山區跋山涉水，花了三天三夜才到達縣城來參加活動。活動結束後，又要花三天三夜回到家鄉。每次在做訓練的時候，都會提醒自己，我要對這些人負責，給他們一個「值回票價」的工作坊，不然我就是大混蛋。

除了支付這些參與者交通費、住宿費，我們的確還會給予合理的出席費，彌補他為了參與活動而犧牲超過一個禮拜的時間成本。如果一個計畫範圍原本無法擴及偏鄉的組織，能因此訓練到偏鄉的第一線 NGO 工作者，到最後卻只是一口咬定「NGO 給出席費是陋習」的原則，讓在地工作者即使有心想要參與，卻因為實在窮到無法投入，只好放棄，難道真的比較好嗎？

在活動現場，我們也有個不成文的規定——如果參加的在地 NGO 工作者有固定領取組織的薪水，或是可以回組織報差旅，我們就不提供出席費；但那些沒有支領固定薪水的人、交通成本特別高的參加者，就會得到我們特別的照顧。雖然不公平，但是鄉間的第一線NGO在地工作者基本上都是合情合理的好人，也理解在地的現實狀況，對於這樣的差別待遇，並不會有「不公平」的質疑。

公平，有時候並不見得是好事。

別忘了「理解別人」這件事

另外，用台灣的現況來聯想也會明白，那些不用工作賺錢，可以在平常上班時間來參加各種NGO活動的民眾，真的是NGO最需要觸及的對象嗎？如果是真正需要宣導的對象，一天不工作全家就會陷入沒飯吃的困境，為什麼不能給出席費？或是為什麼不能等下班以後在晚間舉辦？如果是真心的話，為什麼要當地人遷就NGO工作者自己方便的上班時間？

就如同教洗手當然也值得做，但不應該是一次性的活動。比如說一個小孩要養成洗手的習慣，也不會是短期的，如果NGO願意駐點在當地學校裡長期宣導，當然也會有好的價值。

從NGO的洗手計畫，我們要提醒自己對別人的現實往往不了解，這種不了解至少有三個層面：

NGO太感動於自己關起門來想出來的計畫，以至於忘了社區真正的需求。

ＮＧＯ太執著，有潔癖，認為給「出席費」很骯髒，只會用「貪心」來理解，忘了窮人要面對的現實。

外人忘了「洗手」這類入門款計畫，對於組織用來訓練新進人員進入社區的價值，可能大於計畫本身的價值。

對了，下次有出席費比較高的活動，歡迎邀請阿北參加喔！

第38回合

消費者抵制產品，真的幫得了童工嗎？

用行動改變世界的讀者：

網路上最近在轉傳一則拒絕購買某些巧克力品牌的訊息，因為他們使用了僱用童工的工廠之可可亞，我想知道阿北對這件事的看法。

壞脾氣走遍天下的褚阿北：

為了解決童工問題而拒買或要求關廠的人，可能比僱用童工的人還要殘忍！

誰在僱用童工？

你想像中的童工，大概是像奴隸一樣，被工頭拴著鐵鍊，在巨大的工廠裡沒日沒夜地工作吧？如果是的話，你根本沒有現實感，只是想像力豐富而已！（人身攻擊）

根據聯合國兒童基金會和國際勞工組織的數據，二〇一三年全世界年齡在五至十七歲的童工，人數約為一．六八億人。

請問如果有一個企業標榜「社會企業責任」，宣稱只要發現下游工廠有任何僱用童工的情形，就算只有一個，就會立刻切割，終止一切合作關係以示負責，你真的覺得這一．六八億個童工的父母，隔天就會歡天喜地地把孩子送到學校去上學，然後問題就自動解決了嗎？

老實說，這麼想的企業跟消費者，可能才是最殘忍的，比僱用童工的僱主更加殘忍。為什麼？因為你沒有考慮到「形成童工背後的成因」，還有「童工的僱主是誰？」這兩個重要的問題。

為什麼會有童工？

國際勞工組織認為「貧困」是形成童工最主要的原因。對於貧困家庭而言，就算是兒童，也要能夠自己養活自己。童工的收入雖然不高，卻可以占到全家收入的百分之二十五至四十，這跟我在緬甸工作多年所觀察到的實際情形相當接近。

讓童工失去養活自己的收入，不但無法解決貧困的問題，甚至會讓貧困家庭陷入更嚴重的貧困之中。

部分「新自由主義」的經濟學者，像是瓦特．布拉克就在他的《百辯經濟學》（Defending the Undefendable）中反對所有對勞動市場的管制，包括禁止童工的主張，因為禁止童工的法令「反而會剝奪貧窮兒童求生存的機會，強制兒童去學校受教育而不允許工作，對兒童不一定是最好的選擇」。

國際勞工組織（ILO）也說，「缺乏有意義的替代出路」是另一個童工形成的主因。比如偏遠鄉村因為沒有學校，或學校距離太遠，學費太貴，教育品質太過低劣，也有的是因為教育無法為當地人找到更好的工作、帶來更好的生活，都會導致家長選擇讓子女成為童工。

沒有解決「貧困」跟「教育」的問題，就想要透過消費者抵制或關廠來解決童工問題，是草率的做法！

大部分童工的僱主是愛他們的父母

在抵制之前，你知道一．六八億童工的僱主，大多不是魔鬼，而是愛他們的父母嗎？

二〇一〇年，撒哈拉以南非洲的童工率最高，在一些撒哈拉國家，更有超過一半以上的兒童變成童工。在全世界，最常見到童工的場域，不是工廠，而是農業。

大多數童工住在鄉村，受僱於父母而非工廠，實際上，僅有不到百分之三的童工，是離開父母到城市或工廠去工作。比如在我工作的緬甸，當農村實在養不起家裡的孩子時，才會把孩子送到都市的遠親或同鄉家裡，或到他們經營的小生意去當幫傭，這些父母，一年進城一次去孩子的僱主家裡收錢。

這麼做的出發點，無論是把孩子送走的父母，還是僱用童工的僱主，都不是出於貪心，心裡也沒有住著殘酷的惡魔，而是「愛」。他們愛這些孩子的程度，跟你我相比絕對有過之而無不及。

因為大人知道，勉強把孩子留在鄉下，沒有飯吃可能會夭折。如果在有內戰的地區，搞不好會還會被徵召成為娃娃兵，年紀輕輕不是戰死，就是被迫染上毒癮。到安定的大城市，幸運的話還有一條活路。

這也是為什麼，有些家長甚至同意孩子做工不拿薪水，只要供給孩子的食宿就可以了。住在城市的遠親或同鄉，有時候因為同情這些孩子家庭的困境，被迫成為「僱主」，他們並不認為自己在「虐待兒童」，而是真心覺得自己在「幫助兒童」。

別用善意的石頭，將弱者送往地獄

根據台灣的工廠法第七章「工人福利」中第三十六條「童工、學徒之補習教育」裡所說：

「工廠對於童工及學徒應使受補習教育，並負擔其費用之全部，補習教育之時間，每星期至少須有十小時，對於其他失學工人，亦當酌量補助其教育。前項補習教育之時間須在工作時間以外。」

即使是根據法律，也表示童工若確實有需要工作，與其強制不能工作，偽善地將社會問題擠壓到其他地方，「眼不見為淨」，不如強調配套的補救措施，比如每星期十個小時的教育時間。

當然，台灣法律定義的合法童工年紀較大，是指「十四歲以上，未滿十六歲者」，但是對於五歲到十四歲之間的兒少呢？我個人贊同以「有實際意義的補救措施」（meaningful grievance mechanism）替代全面禁制。

技巧方面，其實可以使用的方法相當多，以尼加拉瓜一個咖啡莊園的例子來說，透過當地政府跟NGO的力量，輔導農場主人用販售咖啡的一部分利潤，成立一個專門給農場工人子女上學的學校，作為員工福利的一部分。農場就有學校，不用出遠門上學，成功消除了工人父母要孩子做工的動機。

西非也有一個叫做「火星改變願景」（Mars' Vision for Change）的計畫，提供不使用童工的可可亞農場免費的肥料跟農場耗材，所以如果父母稍微計算一下，發現這些資源的價值，大於讓孩子做工的利益，自然就會改變習慣。

如果企業沒有致力於其他替代或補救措施，在自認為有正義感的消費者抵制產品的壓力下，順水推舟與下游供應鏈強制終止合作關係，造成工廠所有合法工人與非法工人立刻失業，對於瞬間造成的社會問題視若無睹，不但沒有負起社會企業責任，甚至加劇社會問題，每個人都成了輸家。

身為消費者，加入抵制的行列前，必須知道抵制只是解決童工問題配套措施中的一個環節，否則你只是用善意的石頭，鋪設一條將弱勢者送往地獄的道路。

啊！終於說完了。阿北每次罵完人都覺得身心好舒暢啊！（伸懶腰）

第39回合

「上學就能翻轉赤貧人生」，是教育扶助計畫的天真想像嗎？

教育服務NGO工作者：

許多人，包括我的組織，都不斷對我們說，「消除貧窮的關鍵是教育」，很多跟我們同類型的NGO也用獎學金的形式贊助學童，施行教育計畫。但這些事做久了，我總是在想，「念書」「受教育」對消弭貧窮真的有用嗎？有些地方，特別是赤貧的地區、戰爭頻傳的衝突區、難民營，孩子需要的真的是教育嗎？還是說，教一些生存的技能，或者給他們需要的物資、提高其父母的工作機會等，反而對改善整體環境更為「有用」呢？

憤世嫉俗的褚阿北：

念書到底有沒有用？你要簡單的答案，還是複雜的答案？簡單的答案是：「沒用。」

接下來我講複雜的答案。

只做自己想做的事，當然沒有用

我永遠記得早期在NGO工作學到的一個教訓。

當時有個接受贊助的頭蝨藥計畫，在學校幫感染頭蝨的小朋友塗搽藥水。在社區的衛生工作者都知道，光治療頭蝨患者是沒有用的，患者的家人也應同時接受治療，才不會反覆交互感染。但這個贊助單位堅持說因為他們是「教育」基金會，不是「醫療」基金會，社區不是他們的責任，所以只願意依學校的學生人頭給藥，整個治療計畫想當然爾也就完全白費了。

最讓我驚訝的是，這贊助單位明明知道這個計畫有問題，竟然毫不在意，承辦人說反正藥有發出去，有拍照，表示有在做事，就可以跟捐款人交代。至於有沒有效果？因為不在報告書的要求裡，所以沒關係，而且沒效更好，這樣才可以每年募款，每年做同樣的計畫。他還開玩笑說，這樣自己才不會失業，可以一直有薪水拿，這叫做「雙贏」。

我是從那時候開始，才意識到國際援助的領域，原來有那麼多站在自己的位置，只做自己想做的事的人跟組織。為了保護環境竟然可以殺人，為了倡議人權可以造假新聞，為了每年有醫療計畫可以募款、辦志工活動、保住一份工作，所以故意做沒有效果的治療。

不幸的是，教育計畫也好不到哪裡去。

不知道多少次，當我在為緬甸境內的難民營募款時，很多教育類型的ＮＧＯ都會用「我們在泰緬邊境的美索（Mae Sot）已經有自己的移工學校喔！」為理由婉拒，問題是泰國境內的美索鎮上，明明只有十五到二十萬來自緬甸的移工，但來自世界各地的國際ＮＧＯ為了「占地盤」，竟然遍地開花設立了七十多所移工學校，採用各國不同的學制跟教材。大多數學校不是搶不到學生，就是沒有老師，且這個鎮上不只缺老師，也缺很多醫師、護理人員，但需要賺錢工作的移工們，都沒有辦法補足這些迫切需要的專業職缺。此外，泰國雖然有每天三百泰銖的最低工資保障，這些在美索沒有專業技能的緬甸移工們，每日所得平均卻一直在六十五至一百二十泰銖的超低薪水水準徘徊。

明明有這麼多各國教育ＮＧＯ經營不善的移工學校，卻沒有ＮＧＯ專門訓練這些孩子的家長，讓他們可以做薪水更高的工作，也沒有人投注於訓練教師或醫療人員，因為做教育的ＮＧＯ都說：「我們只辦教育，不做跟學校沒有關係的事。」

但明眼人都看得出來，這些跟學校沒有關係的事，才是這些孩子真正需要的。

是的，甚至比上學本身更需要。

這些缺乏經驗的國際ＮＧＯ，不少是派遣大學剛畢業、從來沒出過國門、沒有工作經驗也不在乎錢的年輕志工來管理學校，說得殘酷些，缺乏專業的程度到連夏令營恐怕都辦不好，更別說學校。再加上近兩、三年緬甸國內局勢改變，很多機構喜新厭舊，對於美索漸漸失去興趣，撤掉在邊境的贊助費用。移工學校一旦關門，這些上了一半學卻無法銜接泰國或緬甸學制的孩子，也因此變成被遺忘的犧牲品。

做事情做一半，傷害比好處更大

世界上另外有一類型的教育NGO，相信自己站在正義的一方，特別愛在反對女性念書的地方贊助女孩們念書。我相信這些贊助者真心覺得自己做了改變世界的事，卻沒有考慮到對這些女孩還有她們的家人來說有多危險。

生長在巴基斯坦西北部的馬拉拉，跟塔利班政權關閉女子學校的禁令槓上，為自己和其他女孩挺身而出，利用國內外媒體，讓全世界知道女孩子也要有上學的權利。二〇一一年十月，馬拉拉獲得荷蘭國際兒童維權組織 KidsRights「國際兒童和平獎」提名，兩個月後還獲得巴基斯坦首屆「全國青少年和平獎」。

一年後，二〇一二年十月九日放學途中，馬拉拉坐校車遭到蒙面武裝塔利班分子暗殺，當時蒙面歹徒高喊：「誰是馬拉拉？若不說出來就殺死所有人！」大家當然就出賣她了。在被認出之後，馬拉拉被連發三槍，其中一顆子彈穿過頭部、頸部，最後卡在肩膀裡，真的很危險啊！

是的，馬拉拉很幸運被帶到英國接受治療和教育，還得到諾貝爾和平獎，可是馬拉拉的同學，還有其他因為受教育而讓處境變得更危險、被迫輟學的女孩們呢？

最近一部國際影展上很紅的衣索比亞電影《Difret》（在當地 Amharic 語中意指「勇氣」），重現了一個當年十四歲小女孩 Aberash Bekele 的真實故事。

她在一九九六年放學途中，在村子裡被一群男人按照部落傳統搶婚、綁架、強暴，但這個女孩趁機拿槍殺了這個綁架、強暴她的「丈夫」，因此被控殺人罪。雖然免費的女性人權律師協會為她打了兩年的官司，甚至逼退司法部長，但女孩的父親卻在這期間，強迫女孩的妹妹休學在家務農。因為上學對這家人來說變得太危險。

這兩個例子都是一個人為了捍衛權利挺身而出，卻讓更多同樣情形下的沉默大多數受到更大的恐懼與傷害，顯示要「做對的事，同時把對的事做好」，是多麼困難。

如果因為贊助教育卻造成生命的威脅，贊助者就有責任同時保障學生跟家人每天上下學時間的人身安全。然而，NGO願意負這麼重大的責任進行教育計畫嗎？還是說，應該先改變反對教育的保守激進分子（如塔利班領導、部落傳統、種族隔離政策等），取得觀念上的共識，或法律上的保障？草率蓋學校鼓勵當地人去上學，卻造成槍殺、綁架，讓教育變成危險、不幸與家破人亡的源頭，這種「對」的事情，帶來的傷害是否比好處還要大？

比教育更迫切的事

很多NGO天真地以為，教育是消除貧窮唯一的答案。

如果父母根本沒有錢可以供孩子吃飯，會送孩子上學嗎？可能會。許多貧窮的父母，因為「在學校可以吃免費的營養午餐」這個誘因而讓孩子上學，也因此在家裡會規定，不准那幾個有上學的孩子吃飯。這些孩子為了把有限的食物長期留給家裡的其他人吃，一天因此只能吃一餐。然而這個「讓孩子有飯吃」的機構可以是學校，也可以是教會，當然也可以是武裝部隊。日子過不下去的時候，哪裡給飯吃就去哪裡，這真的可以說是教育推廣政策的「成功」嗎？

學生在家受到家暴跟性侵，但學校不過問家庭的事，只管孩子的功課，能解決孩子最迫切的問題嗎？

如果畢業以後沒有提供通暢的管道可以銜接升學，未來怎麼辦？

念書之後，當地根本沒有需要識字工作的需求，所以畢業後留在家裡一輩子放羊，這要如何讓當地人相信念書有用？

貧窮的孩子因為長期生病而無法就醫、營養不良、學習能力遲緩，生理、心理各方面產生問題，只支持學生的學校教育卻沒有支持身心照護需求，如何幫助這些孩子面對真正的問題？

有學校的硬體但沒有合乎資格的老師，或教師的薪水過低無法生活，在沒有改善教育環境跟教師訓練，只是一味鼓勵學生上學的氛圍下，真的能夠得到學習的效果嗎？

老實說，教育不是魔術，不能改善貧窮，就像路易斯安那州立大學的政治歷史學教授Robert Mann曾在當地報紙專欄中所批評的——

「你知道造成貧窮最主要的成因是什麼嗎？是貧窮。出生在貧窮的家庭，是一個人長大後會過貧窮生活的最準確指標。所以只是一味告訴年輕人強調教育的力量，卻沒有幫助改善學童的家庭環境、學習環境，不只不切實際，實際上比不切實際還糟，根本是殘忍！」

Robert Mann 教授因此建議，如果要改善教育問題，首先應該立刻讓這些貧窮學童的全家人都有健保，讓窮人可以減少在醫療上的支出，把省下來的錢用來搬到比較好的學區居住，或幫這些孩子買鞋子、矯正牙齒、補充營養。如果還要多做些什麼，也應該是保障最低工資、為窮人減稅、確保女性與男性同工同酬、保障窮人跟中產階級與富人享有同樣的育嬰假，讓初生的嬰孩得到良好的高品質照顧，讓每個家庭都能享有安全可靠、價格合理的托嬰服務，每個學童在學校也都能得到良好的醫療照顧。

至於在學校裡，則需確保教師得到專業工作應有的薪資，而不是讓老師變成沒有辦法解決學生家庭問題的代罪羔羊。

換句話說，這十幾件事，對孩子來說都比「上學」「受教育」本身來得急迫。尤其在三分之二學童都不是跟原生父母居住的南非，更強調要提升教育，除了要有好教師，還要落實督學制度、培養出好校長，才會有好學校，教育才會變得有價值，否則光是蓋學校宣導教育的重要，是沒有效果的。

很不幸地，以上這些重要的事，卻都被很多直接提供服務的教育型ＮＧＯ（education service delivery ＮＧＯ）直接否定，認為是「跟教育無關的事」而排除在外。既然連治療學童的頭蝨都需要全家人一起接受點藥才有效，如果希望教育發揮作用，怎麼可能只辦頒獎典禮發獎助學金給學生、要學生寫信給贊助人，就期待被貧困綁縛的人生從此幸福快樂呢？

教育當然非常重要。但是把教育作為單獨的先行計畫，卻是一個常犯的錯誤，因為它必須要有很多相關的配套計畫，才能產生實質的意義。作為ＮＧＯ工作者，或是關心世界的人，讓我們互相提醒：如果只願意做表面工夫，自我感覺良好，連頭蝨都治不好，就別誇口提什麼改變世界了。

第40回合

捨不得親人捐贈大體，我該怎麼想這件事？

與父親感情深厚的兒女：

我爸爸最近看了《那個靜默的陽光午後》（The Silent Teacher）預告片後說他要捐大體，可是我偷偷在想，我會不捨得，不知道阿北從NGO工作者的觀點怎麼看這件事？

意志堅定的褚阿北：

NGO的工作，就是被世界所用。

大體捐贈：毫不費力地為世界所用

在我所居住的美國麻薩諸塞州（Commonwealth of Massachusetts），大體捐贈跟器官捐贈是駕照上面的基本選項，包括我在內的許多人，無論出身的背景文化是什麼，在換照的時候都會毫不猶豫選擇「同意捐贈」這個項目。選擇捐贈的駕駛人，駕照的右下角就會有一個小小的紅色愛心，上面寫著「DONOR」（捐贈者）。

老實說，我從來沒有考慮過不勾選。

身為NGO工作者，不就是希望能開放自己的生命、被世界所用嗎？既然不費吹灰之力，就能讓自己變得有用，為什麼會想要拒絕呢？

我曾經在這個專欄中，討論過「工具人」的概念。（參考九十二頁：用可愛又可憐的孩子照片募款，真的比較有用？）很多人厭惡被別人當工具人，受到利用，所以沒有加班費的話，千萬不要為老闆工作。但我並不這麼想。

為了下一代，當好一個「工具人」

重工業、燃煤電廠多集中於台灣中南部地區，我就是在這其中的高雄煉油廠區裡長大的。煉油廠與發電廠、焚化爐、石化廠、半導體廠，以及燃油交通工具，共同產生世界衛生組織公布的一級致癌物PM二·五，從小我就在這樣的高危險環境中，每天二十四小時不間斷大量吸入PM二·五，我們的社區民眾罹癌率也明顯高出台灣平均值，卻是個街坊之間不能說的禁忌話題。

長大以後我雖然離開這個社區，在國外的NGO組織工作，但我仍然選擇繼續參與社區的公民團體運動，同時身體力行環保生活，某一種層面也是為我父母那一代的無知行動贖罪。二〇一七年二月十九日台中、高雄同步舉辦的反空汙遊行，我所參與的「油廠社區文化生態保存協會」也加入南部公民團體響應遊行。

「我們血液裡面的重金屬跟致癌物質，已經不會代謝掉了，想要逃過癌症的魔掌搞不好早已經太遲，上街頭又有什麼用呢？」當有社區老一輩的民眾提出這樣的質疑時，我們的夥伴許經緯，只是用理所當然的語氣，理直氣壯地回了一句：

「我們這麼做不是為了自己，是為了下一代。」

捐出自己身體讓醫學院學生學習解剖的「大體老師」也是如此。捐出自己的身體並無法為自己或是家人得到任何好處，卻有可能因此教導一個醫學系學生對人抱持尊敬、謙卑，無論對方是活的，還是已經死了。

如果我們有一點能力、影響力的話，一定要記得當好一個「工具人」，我們不需要「幫」弱勢發聲，因為那是一種極大的傲慢想法，但我們可以當大體老師，讓學生能夠學習；當講台，讓弱者有跺腳的地方，站在足夠的高度被看到；當翻譯，讓弱勢者的聲音被聽懂；我們可以當擴音器，讓微弱的聲音被聽到。

學習從自艾自憐的情緒中抽離，從競爭式的思考中跳脫出來，才能開始讓自己變成一個更好的人。

如果說，這因此讓我成為所謂「工具人」，那也無妨，因為了解「工具人」的價值，才能做好ＮＧＯ工作。

如果還是捨不得怎麼辦？

基於好奇，我問了這位發問者到底在捨不得什麼。

「我不知道。」他回答。

「你現在有天天陪伴他嗎？」我問。

「沒有，」他說，「我爸才不要我陪。」

「既然他活著的時候都不要你陪，他走了幹嘛要你陪？」

「……我是想，直接燒掉丟海裡不錯，讓人去切切割割比較那個……」

「你難道不覺得，應該尊重當事人的意願嗎？為什麼要幫別人決定，自己決定自己就好了，不是嗎？」

「是啦！」他回答，「所以我不敢看這部電影，怕看了想太多。」

我心想：實際上你已經想太多了！太遲了。

電影當中，當時在輔大醫學系教解剖學七年的蔡怡汝教授，也負責大體老師的相關業務，對大體捐贈數量過少、跟教學需求的數量不成比例而擔心，她在校內非常鼓吹大體捐贈的活動，但當被問到如果想捐大體的是自己的至親時，蔡教授卻誠實地回答說她無法接受：

「我沒辦法接受爸爸過世後，成為解剖課堂上的一具教材。」

她說除非大體不要捐給她任教的學校，或是那一學期她不教解剖，總之她會選擇逃避。為自己這樣的想法，蔡教授對著鏡頭說她感到非常抱歉。

就像未來的醫生，還有訓練未來醫生的老師們，NGO的工作者也大多都是好人，但並非好人就可以相對輕鬆地做出對的決定。然而，讓對的聲音，無論多麼微弱，都有機會被世界聽到，卻是好人的責任——更重要的是：這微弱的聲音，要能被自己聽到。

回頭看看台灣對於自己和親人肉身的難捨，或許透過這部電影的契機，讓自己學會正面迎接這個困難的問題，學會當好「工具人」，也是一堂對自己很好的生命課。

PART 04

我想把對的事做好

因為

書念得不多，但是想得很多，就算有心想要做對的事，
可能也不知道該怎麼做才對吧？
讓自己學會思辨，成為一個遇到問題知道怎麼獨立思考的人，
才有可能把思考化成行動，否則通往地獄的道路，
往往都是善意的石頭鋪成的，善意卻愚蠢的行動，
或許比沒有行動帶來更大的傷害。

一個不會想的人，做什麼都不對

第41回合

沒想過就行動，寧可不要動！

充滿愛心的馬來西亞讀者：

前兩個星期去柬埔寨，聽導遊說，那裡的電費很貴。

我看過一部非洲短片，片中村裡那些被選出來的女人去參加培訓，學習裝配太陽能發電板，並且拍攝村裡安裝後生活上的便利。你覺得這個能夠在柬埔寨推動嗎？

什麼都想得很周到的褚阿北：

對於一個社區發展計畫，無論是不是太陽能發電，作為NGO工作者，我都會先自己問四個基本問題：

這樣的計畫很棒對不對？但我真的有看懂嗎？

既然是很棒的計畫，我怎麼知道沒有人早就在做了？

如果沒有人做，我知不知道為什麼？
既然有人正在做，為什麼我覺得自己的想法比別人好？

這樣的計畫很棒對不對？但我真的有看懂嗎？

仔細想想，我覺得很棒的事，有時候很可能是因為我對這個領域根本不懂。

太陽能發電真的環保嗎？太陽能發電過程中不會排放廢棄物、沒有噪音、無耗能，還可以永久使用，實在是完美的綠色能源。

但你是否也聽過，太陽能電池板使用的晶體硅，毒性、腐蝕性都很強，而且容易爆炸，製作過程中跟微電子產業一樣，消耗大量能源。生產過程中的副產品四氯化硅也是不能自然分解、腐蝕性極強、難以保存的有毒液體，隨意傾倒或掩埋將嚴重汙染水源，毒性殘留的土地也將寸草不生，被許多人認為是高汙染、高耗能的產業，對勞工和環境造成的傷害很大。

在利弊權衡之中，太陽能發電是否符合你的價值觀？

還有，損壞或是舊的太陽能電池板可以回收嗎？如果在柬埔寨鄉間進行這個計畫，要如何回收？誰來做這件事？如何確保安全？十年、二十年後都可以確實做到嗎？

如果這些問題都回答不出來，我如何說這是一個很棒的計畫？

既然是很棒的計畫，我怎麼知道沒有人早就在做了？

如果有人在柬埔寨已經這麼做了，他們是誰？在哪裡？怎麼做？在問問題之前，我們是否有先做功課？

就算購買最便宜的太陽能發電設備組，所需要的前期投資，都比最貴的黑市電費還貴，當地的窮人該如何負擔得起？這些設備是送給他們，還是賣給他們呢？

如果是送，有長期明確的捐款單位嗎？因為太陽能發電設備就像任何電池一樣，也是消耗品，不是種龍眼樹，好好照顧以後就一勞永逸、生生不息，往後長期的替換跟維修、還有回收，這個組織有沒有永續的配套措施？

如果是賣給窮人，一定要有窮人願意買、也付得起的付款方式，是不是還要同時成立一個微型貸款的組織做配套？微貸機構需要什麼樣的資金與法律程序？既然是買賣行為，當然不能因為我自己覺得太陽能好，就強迫村民購買，我要如何行銷給連飯都吃不飽的窮人？

我自己有用過這套設備，而且確實知道很好用嗎？

我是否也知道，太陽能的電流不穩定，需要另外購買比太陽能設備更貴的穩電設備，才能接在家用電器上，否則電器會立刻因為電壓忽高忽低而報廢？

如果我不懂，自己也不會想用這樣的東西，我還應該讓窮人負債去買這些我自己也沒用過的設備嗎？

如果沒有人做，我知不知道為什麼？

如果這計畫這麼好，整個柬埔寨卻沒有人在推動這樣的計畫，莫非我是學識淵博、創意十足，全世界第一個想到可以在柬埔寨這麼做的人嗎？

「為什麼沒有？」是一個比「這個計畫真的好嗎？」還重要六十七倍（哪來的數字）的問題。

以非洲的例子來說，窮人購買太陽能發電設備的貸款機制是主要的推行障礙。當地銀行或金融單位很保守，不會願意投資在綠色能源上。微貸的利息高達百分之三十，這有比付電費合算嗎？

太陽能在德國、英國、美國加州、日本、義大利之所以可行，是因為主要客戶是中產階級，而且當地電廠在太陽能發電使用剩餘的時候，電站有向太陽能發電生產者購買電力的機制，政府也為了鼓勵綠色能源而給予額外的補貼。

但是在柬埔寨，太陽能設備的客戶對象是窮人，沒有任何商業機制、輸電設備、政策補貼，先進國家成功的例子，真的可以輕易在貧窮國家複製嗎？

既然有人正在做，為什麼我覺得自己的想法比別人好？

就算有別人做，如果覺得自己可以做得比別人好，那就有值得做的理由。

但是比別人做得更好，以下三個客觀條件至少要具備一個以上：

我有別人沒有的政治影響力：可以改變柬埔寨對於綠色能源跟私人發電的國家政策，透過立法建立完善的配套措施。

我擁有別人沒有的資源：比如我本身就是製造太陽能電池的大型工廠，成本特別低廉，或是我有在貧窮國家成功行銷、經營太陽能生意的通路和專長，不然就是財力特別雄厚，可以無後顧之憂。

這是我的生命核心價值：為了這個綠色能源的信念，我願意花一輩子的時間專注推動這件事，甘願用有限的生命孤注一擲。

這些，都只是基本的考量而已，我們還沒有談到任何技術性的操作呢！

沒想過就行動，寧可不要動

不過當我回覆這位馬來西亞讀者時，他竟然只是悠悠地回了一句：「謝謝你的回覆，我沒有考慮到這麼多。」

就這樣嗎？（大崩潰）

一聽到這麼困難就立刻放棄，聳聳肩說沒考慮到這麼多，真的可以嗎？如果原本連問都沒問，就這麼冒冒失失去做了什麼，給當地窮人帶來更大的不幸，也沒關係嗎？

考慮太多，最後什麼行動都沒有，當然不是我們樂見的；但與其沒有思考的隨便行動，寧可不要行動。

別帶來傷害，聽起來是很基本的常識，但能做到的ＮＧＯ其實不多。我長年身處發展工作第一線的社區，看到許多通往地獄的道路，都是這些善意的石頭所鋪成。

希望每一個ＮＧＯ在行動之前，都能先清楚冷靜地分析這四個基本問題，不隨便行動，不隨便帶來傷害，不隨便要求別人改變，不隨便把好好活著當成理所當然的事。然後我們才具備透過計畫、透過行動，開始讓這個世界變得更美好的資格。

第42回合

想做好事，一定得進非營利組織嗎？

身為上班族的隔壁老王：

請問什麼樣特質的人適合從事NGO／NPO工作？

以環境保護為例：投身NGO為環境發聲、監督政府企業，很好；從事學術研究，研發環保技術或材料，也很好；擔任顧問協助企業管理環境風險、推行環保商品，也很好；當一個身體力行理性消費、物品回收減量的民眾，也很好……

既然每個關心的人，都可以透過自己的事業或生活盡一點力，讓環境變得更好，那有沒有從事NGO／NPO的差別會在哪裡？謝謝。（請阿北鞭小力一點）

正在練習溫柔的褚阿北：

有些界線應該拿掉，有些界線應該保留。

什麼該拿掉？什麼該保留？

我相信有些界線應該拿掉，有些界線則應該保留。比如說，性別的界線應該拿掉，而政府與民間的界線應該保留。

NGO在過去被稱為第三部門，因為跟第一部門的政府，以及第二部門的民間企業有著涇渭分明的界線，各自看管著另外兩個部門不能顧及到的層面。

但是近年來，第三部門跟另外兩個部門的界線，逐漸有相互融合滲透的趨勢，比如加拿大跟英國鼓勵慈善機構底下設營利性質的公司，如此便可用商業營運所得來養活組織營運，而非光靠政府補助跟對民間募款，直接或間接造成社會的負擔。

這幾年來幾乎被濫用的「社會企業」一詞，其實本意也是如此。如果以解決某個特定社會問題為前提而設立營利事業來說，無論是加拿大多倫多的手語餐廳「Sign」，還是德國Andreas Heinecke為視障者創辦的「黑暗中對話」，或是巴勒斯坦唯一的女性計程車司機Nadia Ahmad想要成立一個純由女性司機組成、專門服務女性乘客的車隊……都是透過拿掉界線，讓世界變得更美好的努力。

舉個例子。如果仔細計算，就不難發現，當計畫規模不大時，「微型貸款」的人事、放款、收款成本，其實遠高於僅是單純募款、直接捐助的成本。那麼柬埔寨的非營利組織

ACLEDA當初為什麼還要自找麻煩，另外成立商業銀行提供微型貸款，做這麼麻煩、吃力不討好的事呢？

原因很簡單，我們隨時都在尋找更好的方式。這解釋了為何如今家庭式的孤兒照護，會比戰後集中管理式的孤兒院，更加符合時代的需求。

有些以前對的做法，現在看起來十分落伍，但是我們也別忘記，正當我們為了現在盛行的「社會企業」模式沾沾自喜的同時，前幾年代表社會正義的「碳權交易」或「微型貸款」，卻還沒起步就夭折了。

對的時候，在對的地方，用對的方法，做對的事，其實並不容易，需要許多的天時、地利、人和。

行動的力量

至於誰適合從事NGO工作？作為一個主修政治理論的線上工作者，我相信政治學當中常說的「個人即政治」（personal is political）——這世界上沒有不適合的人，只有不行動的人。

簡單來說，「性別歧視」就是一種社會和政治現象，亦即它並非受害者（女性）的個人問題。為了打破這種性別不平等，諾貝爾最年輕的和平獎得主馬拉拉，強調以女性接受教育為手段，長遠來說，也希望透過個人參政，用政治的方式打破性別不平等。

與此同時，前面提到過的巴勒斯坦唯一的女性計程車司機 Nadia Ahmad，則想藉著成立一個純由女性司機組成、專門服務女性乘客的車隊，這就是用商業的方式打破性別不平等。

另一方面，日本的職場，女性員工時常會在婚後選擇離職，看似是個人選擇，離職背後卻受很多因素影響，而且是一個龐大、結構性的體制因素。比如高壓力的工作內容對於有嬰幼兒的母親不友善、社會大眾對女性上班族的不尊重等，都有可能促使女性職員選擇離職。

尤其是懷孕，往往讓許多日本職業女性承受莫大壓力，甚至必須因為懷孕而向同事致歉，社會壓力使日本職業女性因為懷孕而放棄職涯的比例高達七成，懷孕婦女在職場受到的歧視和排擠或為肇因之一。

銀行工作者小酒部女士就因為懷孕被上司要求墮胎，在此之前她已經因為工作壓力太大而流產兩次。忍無可忍的小酒部因此成立了一個爭取女性平權的ＮＧＯ組織「マタハラ Net」（Matahara Net），專門為女性工作者發聲，還因此於二〇一五年成為美國華府年度「國際女性勇氣獎」（International Women of Courage Award）史上第一位獲獎的日本人。

以上三種方式，馬拉拉適合從政，就應該進入第一部門；Nadia Ahmad 有生意頭腦，藉由成立社會企業，用商業手段進入第二部門；日本的小酒部女士參與公民運動，就是進入第三部門。她們的目標都是在改變「性別歧視」的現狀。

我相信行動的力量，至於行動的方式在哪一個面向，我都舉雙手贊成。不過只出一張嘴，不應該在選項中。

想要被鞭比較小力的你，屬於哪一種？

第43回合

先把自己顧好再幫助別人，錯了嗎？

常常被家人阻止做好事的上班族OL：

我常聽到很多人說：

「要先想辦法賺很多錢，才有能力幫助別人。」

「自己都顧不好了怎麼幫助別人？」

「要幫也要先幫助自己人。」

雖然覺得這些說法怪怪的，但是又無法反駁，該怎麼辦？

咄咄逼人的褚阿北：

什麼時候才算有能力？什麼時候才算把自己顧好？誰是需要的人？誰是值得幫助的自己人？通通都沒有標準答案啦！（抖腳）

什麼時候才算有能力？

月薪五萬算不算？年薪一百萬算不算？一千萬算不算？

我有一個非常非常非常確定自己沒有能力可以幫助別人的富朋友，常常掛在嘴邊說很羨慕我可以做幫助別人的事，而且信誓旦旦地說有一天有能力的話，他也希望能夠做對世界有用的事，但是他現在實在沒有能力。

但是上一分鐘，他才在炫耀如何炒地皮一買一賣轉手就賺了三千、五千萬台幣。這還只是住在台北市信義區豪宅的他，收入的一小部分。

我沒有三千萬台幣，但是我相信我一定有能力可以幫助別人。

相信自己有能力幫助別人的那一刻，就具備幫助別人的能力了。

什麼時候才算把自己顧好？

照顧自己，是上完廁所，會自己擦屁股？還是穿著又髒又溼的鞋子蹲在公共廁所的馬桶蓋上，不管下一個人會因此有多困擾，只顧讓自己寶貴的皮膚不要接觸到陌生人用過的廁所？

整天想著顧好自己的人，會突然有一天想要幫助人嗎？

我真的很想知道，為了顧好自己，連幫下一個使用廁所的人著想都不願意的人，會怎麼樣幫助別人？在家裡念經迴向功德嗎？睡前在床邊禱告祈願世界和平嗎？在網路上幫重病的小孩子集氣按讚嗎?!（脾氣差）

當一個會把別人的需要跟自己的需要看得一樣重要，而不總是以自己的需要為優先的人，就已經是把自己顧好了。

你真的知道誰最需要幫助嗎？

乞丐，應該算是社會上非常需要幫助的人了吧？

但是四川汶川震災後，一個身障的乞丐到安義縣的紅十字會捐款；另一個在廣州乞討的身障乞丐鞏忠誠，連續捐了四次一日所得；南京江寧區衣服滿是補丁的老乞丐徐超，分兩次捐出全身家當；深圳的河南乞丐陳春誠雙腿殘疾，到當地的華強北兒童世界，把乞討攢起來的一百塊，捐給河北的重病網友玲玲。

我們有資格一邊啜著星巴克咖啡，一邊滑手機上網投票當裁判，在乞丐、病患、受災戶三者之間，冷眼旁觀，決定誰才是最需要的人嗎？

如果正義的定義不是這樣的話，那麼誰有權利決定？決定要幫助人的那個人，當然就可以決定誰最需要。

你決定別人需要，對方就一定得接受嗎？

尼泊爾震災之後，台灣組成二十多人的救援隊，立刻整裝蓄勢待發要前往救災，卻遭到尼泊爾政府婉拒，許多台灣人悲憤地說「受到中國政治打壓」，但無論是否為真，我們有沒有問過自己，尼泊爾真的需要台灣的特搜隊嗎？

尼泊爾當時第一時間就透過外交部轉告「尼泊爾希望由鄰近的中國、印度和巴基斯坦等國家派遣搜救隊前往協助，因此對台灣的協助予以婉拒，日後若有需要再與台灣聯繫」。

幾年之後，台南市維冠金龍大樓因為震災而倒塌，中華搜救總隊決定自行前往救災，卻被台南市府形容為「不願配合調度」，後來率領一百六十七名隊員氣呼呼地自行撤退，前內政部消防署災害管理組長林金宏因此直言「救災不應只有熱心，更要服從紀律」。

如果回到當時尼泊爾震災現場，尼泊爾與中國、美國、法國與印度的救難團隊都已經在現場，突然來了一群抱持著跟前往維冠大樓同樣態度，不願意接受指揮調度的外國救援隊，堅持要用自己的方式獨立救災，這樣真的是最好的幫助嗎？

「既然如此，那我們熱臉不應該去貼別人的冷屁股，就以幫助自己人為優先吧！」

你真的知道誰是「自己人」嗎？

跟你一樣同樣住在台灣幾十年，甚至跟你有姻親關係的東南亞移民，算不算自己人？他們在東南亞故鄉的家人呢？是自己人還是外人？

在泰北的華校念書，國民黨孤軍後裔的雲南人，算不算自己人？泰北的孤軍第三代後裔，和媽媽是泰國人、土生土長的台灣人相較，誰算是外人？

在泰北的華人，在泰北當地少數民族當中，跟當地其他阿卡族、瑤族和拉胡族、克倫族人比起來，掌握經濟優勢的華人，真的是最需要幫助的人嗎？但是為什麼我們到「台灣世界青年志工協會」網站上看，泰北地區的國際志工計畫，全數是到華校做海外服務？

你真的知道誰是自己人嗎？

我遇過去緬甸伊洛瓦底江三角洲賑災的台灣佛教團體，自認同是修行人，所以物資都只限發放給「自己人」——災區寺院的僧侶，並且堅持佛經上說「人間做齋僧功德最大」，所以為了點數大爆發的功德，不將物資給需要的災民，卻給了和尚。

當時我跟緬甸寺廟的和尚都完全傻眼，只好請這些緬甸僧侶合演一齣戲，有模有樣辦了一場供僧大會，這個佛教團體高高興興地數著口袋裡滿滿的功德回去以後，緬甸僧侶們再趕快轉發給村莊中真正需要賑災物資的村民。

在這些僧人心目中，這群不是為了「賑災」卻是「供僧」遠道而來的台灣人，不但是外人，而且還是想法很奇怪的外人，至於那些長年以來每天早上托缽時以家裡微薄的粗茶淡飯供養的村人，才是「自己人」。

所以請記得，不要沒事跟人勾肩搭背，動不動就來「我們都是自己人」這一套。大多數時候，對方心裡恐怕都在嘀咕：「誰跟你自己人？」

我一直相信，因為對的原因，而做出錯的事情，並不會比較值得原諒；因為錯的原因，正巧做出做對的事，意義也不會太大。

想當好人當然可以，但請當頭腦清醒的好人。還有，真的不要再蹲在馬桶蓋上了好嗎？

第 44 回合

自私的同情，不如踏實的上班

舉手發問的工程師：

阿北，目前我是一位綠色產品工程師，專業上是讓電子產品裡面有害物質受到管控，讓電子產品交到消費者手裡不危害健康，還有廢棄時不危害環境，以及碳循環的揭露與研究。生活中是在世界展望會定期幫助一位薩爾瓦多的孩子念書。

我今天看到新聞報導，葉門有很多孩子餓死，因為內戰等原因，我想請教的是，如果想要幫忙，有什麼是我可以做的呢？是想說如果要捐款、或是做些什麼，但是不清楚該如何做，想到阿北或許有一些資訊。

喜歡直言相勸的褚阿北：

正好看到，就想幫助；沒有看到，就不會想到要幫助，這跟葉門一點關係都沒有，跟你大腦的前額葉可能還比較有關。因為這只代表了一件事：你的腦波真的很弱。

同情心是自私的？

你應該是那種明明不餓的時候，正好看到辦公室對面開了一家期間限定的快閃商店，正在賣一顆八十元的日本八天堂奶油餅，就會忍不住湊過去排隊的那種人吧？（笑）

可是有同情心，難道不對嗎？

同情當然沒有錯，但是也沒什麼了不起。別忘了，同情心其實是大腦獎勵自己的一種行為，跟幫助別人的行動其實沒什麼關係。（居然在文章這麼前面就說出了令人憤怒的話！）

科學家發現，同情心其實是可以被訓練出來的。

在科學實驗中接受同情心訓練的人，大腦背外側前額葉（DLPFC，顧名思義就是位於大腦前額葉的背面與外側面，負責許多不同的認知功能）跟伏隔核（nucleus accumbens，腦中的愉悅中樞）區域之間的連接會有所提升，這暗示同情行為對於個體是獎勵行為。

簡單說，同情根本是自私的一種。

這就是為什麼，一個所謂有「有同情心」的人，看到路邊不幸的乞丐時，會突然想掏錢，但是並不代表這個人會在出門前，特地規畫散步的路線時，專門走乞丐最多的路線。

看到敘利亞的難民報導，燃起了同情心，捐款給賑災單位後，發現賑災物資被當地反抗軍控制，並沒有到達需要的人手上，這時候，原本對反抗軍非理性的同情，很容易就會轉成非理性的憤怒。

捐錢給乞丐以後，如果稍後看到他拿著這些錢去買麥當勞，你說不定還會生氣，但那已經是他的錢了，當然有權自由運用，難道應該規定乞丐不可以單點不划算的麥香雞嗎？

湊巧在路上碰到不幸的人、剛巧從新聞報導聽說了某個不幸事件，我們會有同情的反應。但實際上世界總是有各式各樣的災難，從來沒有止息過，剛好有機會接觸到的永遠是少數，並不見得就是最急迫需要幫助的。

所以，讓我反過來問你，如果今天你沒有看到這則關於葉門的新聞，你會想為這個世界做什麼呢？

慢慢想，請不要匆忙地回答，想好再告訴我。

作為一個綠色產品工程師，從ROHS（危害性物質限制指令）到WEEE（關於化學品註冊、評估、許可和限制法案），從衝突金屬到REACH，你的工作就是從專業的切入點，做著別人不能做、但這個世界迫切需要的事，無論是戰爭的葉門，還是和平的台灣。這份工作是能夠幫助環境的，這就是你能夠給世界最好的幫助。

請相信專業的力量，繼續把你專業的工作做好，價值會遠遠比你杯水車薪的捐款、可能會被貪汙的物資、不怎麼夠力的些許勞力，都要珍貴得多。與其一時激情，因為同情心大發而做些有的沒有的，不如做一份對世界有益的專業工作，好好上班。

同情心很快會消退，但專業的工作做好了，卻可能對世界有長遠的影響。

作為國際 NGO 工作者，我也期許自己每天做的事，不叫做同情，叫做專業。

至於其他正在讀這篇文章的上班族，如果你的專業工作不只沒有幫助世界，甚至還傷害世界，無論捐多少錢給葉門的饑民，認養幾百個薩爾瓦多的貧童，甚至用「要先想辦法賺很多錢，才有能力幫助別人」這種歪理來說服自己，都無法彌補你每天用專業力量傷害別人的事實。請重新想一想，這種自私的善心人士，真的很討人厭啊。

第45回合

改變不了世界，就不需要關心世界了嗎？

二十六歲大學生：

我目前有考慮未來加入公益組織工作，因為我覺得自己會關心某些議題（例如：性別平權），並且很希望現狀能被改善，我認為那樣的工作對我來說應該會很有意義。

但另一方面，又擔心自己真的去第一線接觸被不平等對待的人時，會因為太關心或太過同理對方的困境，造成自己情緒受到很大影響，可能會覺得努力了也無法改變太多。想問阿北如何判斷自己的個性是否適合加入公益組織工作？關心議題的程度該如何拿捏才不會影響到自身情緒？

脾氣又變差的褚阿北：

會這樣問，你其實根本白活了！（還沒回答就開始人身攻擊）

加入公益組織，才會太投入？

經過立法院的大門前，看到前面站滿了各地聲援團體，一邊是支持修改移工續聘免出境制度的ＮＧＯ組織，另一邊是仲介業者，浩浩蕩蕩召集數百人前來抗議此舉將消滅仲介業。你會不會因為移工議題跟現在的自己沒有直接關係，也沒在支持移工的ＮＧＯ工作，所以理所當然加速腳步離開，免得被波及呢？

你是那種因為怕影響情緒，所以值得關心的議題，寧可不要關心，眼不見為淨的人嗎？

一個相信社會正義的人，無論家裡有沒有僱用移工，或有沒有在相關的ＮＧＯ工作，遇到社會價值觀有所爭議，自己又不了解的議題時，應該會好奇地停下腳步，仔細了解雙方的訴求後，思量該支持哪一方。

一個相信地球永續發展，選擇在綠色公民行動聯盟（綠盟）工作的員工，會不會因為移工跟組織關心的廢核問題沒有直接關係，就以「不在業務範圍」為理由，拒絕關心移工跟仲介之間的爭議？

如果會這樣想的人，就算剛好在ＮＧＯ工作，充其量也只是當成一份餬口的工作，並不算是具備ＮＧＯ性格的人。

人真的可以選擇性地關心嗎？如果你選擇性別平權作為關心的重點，不用找到性別的角度切入，可不可以關心移工問題？沒有生小孩的人，可不可以關心兒童教育問題？沒有得癌症的人，可不可以關心重大疾病？

有路見不平的個性，是具備NGO性格，也適合加入公益組織工作的人；但是有NGO性格的人，並不一定需要在公益組織工作，因為無論身處任何一個角色，他都會關心值得關心的人事物。

之前在回答關於「什麼樣特質的人適合從事NGO／NPO工作」這個問題時，我提過政治學中常說的「個人即政治」（personal is political）——這世界上沒有不合適的人，只有沒行動的人，也就是這個意思。

不關心社會正義和地球永續發展的人，就算天上掉下來一個基金會執行長的職銜，也不會突然就知道該如何關心，就算手中握有資源，也不會帶來有意義的行動。

一定要進NGO工作，又怕情緒波動，那不妨詢問一下松柏盆栽協會、雅趣盆栽藝術家協會、樹石藝術協會、中華小品盆景協會有沒有在徵人，這些都是可以怡情養性的NGO。

對盆景也沒興趣？看吧！我一開始就說你白活了，你還不信！（再度人身攻擊）

享受平凡的自己，才能享受ＮＧＯ工作

或許說來很難理解，但我最享受在ＮＧＯ工作的部分，其實是看見自己的平凡。如果想救苦救難，改變別人或世界的命運，你適合的工作應該是去天界應徵，當那個灑楊枝甘露的觀音菩薩，這份偉大的工作，恐怕不在ＮＧＯ領域。

雖然我在緬甸和東協國家針對公民團體的訓練工作，對於像緬甸這樣重新開始接軌國際社會的國家來說很重要，這份工作一定要有人做，但老實說，絕不是非我不可。

我常常引述達賴喇嘛說過的一段很有意思的話：「這個世界並不需要更多成功的人，但是迫切需要各式各樣能夠帶來和平的人，能夠療癒的人，能夠修復的人，會說故事的人，還有懂愛的人。」其實如果我們都能如此誠實地面對自己的平凡，接受平凡的自己，就能為自己創造喜歡的工作，甚至喜歡的人生，就會變成這個世界真正迫切需要的人。我期許自己也是這其中的一個。

我相信真正能夠改變人生的，既不是奇遇也不是奇觀，而是將單調的事情反覆做到最好的持續力，如果我們意識到這一點，就會得到全新的視野。日復一日的工作與一成不變的日常生活，也會變成滋養生命養分的泉源。正如日文中有一個說法：「普通才是最大的美德。」（普通こそ、最大の美徳である）說穿了，我們工作時其實大多不是在工作，也

不是在追求刺激，而是學著過生活。學會美好的工作態度，當然也就能找到享用人生的視野。

或許是在緬甸從事農業計畫的那十年，讓我跟土地建立了很深的關係，我開始學習用農人的角度來看人生。

比如一個農夫若從二十歲成年開始，一直耕作到六十歲退休，其實不過就是四十個寒暑。面對同樣的一塊土地，每一年都要重頭開始，前一年無論是豐收或歉收，都無法用來預測接下來這一年的結果。所以嚴格說來，一個農人一輩子，擁有的也不過是四十次無法回頭的機會。

我也相信，每個人其實都是農夫，只是不見得耕種的都是土地，有可能是用四十個寒暑來耕耘某個專業，或是豐富自己。人生無論好壞，透過成年後到退休的這段工作期間，每個人都該有四十個機會，可以成為符合未來世界需要的人。

讓我問你一個簡單的問題：「關注氣候變遷，就能夠逆轉地球暖化嗎？」

如果你的答案是：「既然不能逆轉地球暖化的命運，幹嘛關注氣候變遷？」那麼，很抱歉，你不適合從事 NGO 工作。但若你的回答是：「不能逆轉地球暖化，難道就不需要關注氣候變遷嗎？」

或許，你就是一個具有 NGO 工作特質的人。

第46回合

轉職進NGO之後發現工作跟我想的落差很大，該怎麼辦？

想要伸展抱負的NGO工作者：

你好，我看了你在《天下雜誌》的專欄，受益良多。因為目前對繼續留在INGO（國際非政府組織）工作，還是回學校念書的決定所困擾，所以寫信請教。

我先前在顧問公司做了幾年，後來想要用我會的東西為這個社會貢獻一些什麼，決定到INGO（國際非政府組織）工作。

但到了INGO後發現這份工作雖然對我來說是有意義的，可是因為組織內部的限制，讓我無法完全發揮我過去的專長／專業。我一方面很希望在這個組織繼續工作，但也非常擔心繼續下去就用不上我的專業技能而被淘汰；另外，目前的工作其實非常容易且枯燥，對我來說完全沒有挑戰性，也沒有任何晉升機會。我有試著提出我可以做的許多project，又因為組織內部的某些問題而持續被延誤或取消。

我想要用我會的東西來為這個社會貢獻什麼，又想要從中學習到更多，這樣是不是太貪心？我應該再給這個組織一個機會，選擇去前線做同樣對我來說很枯燥的工作嗎？

突破盲點的褚阿北：

拒絕做個泰山，永遠心懷感謝，謙卑認識這個世界，才能變成更好的人。

請找出自己真正的問題

「非主流」派的煩惱，要用非主流的思考來解決。

首先，請你先接受一個事實：在社會主流的眼光當中，你是一個「非主流派」，不是一個普通人。雖然我們沒有見過面，也不認識，但我可以放心推斷——既然你不是普通人，選擇去學校或是在顧問公司上班，都太「普通」了，你不會快樂的。

所以，你的問題不是回校園念書就能解決的，因為書終究有念完的一天，不可能永遠躲在圖書館裡面，也不會因此找到快樂。所以你真正的問題在於別的地方。

真正的問題在哪裡？從你的問題裡面，我歸納出幾點——

沒有辦法發揮專業；

想要為社會貢獻；

想要透過工作學習；

前線工作內容枯燥、沒有挑戰性；

沒有晉升的機會；

提出許多建議沒有被採納。

那麼，我們就一一來檢視吧。

1．沒有辦法發揮專業

你有沒有想過，一個醫術高明的內科醫生，大多數的時間也都沒有辦法發揮他的專業？

因為大部分來掛號的病人，一看就知道是感冒，而普通的感冒不管吃不吃藥，一個禮拜自然就會好，沒有什麼發揮實力的地方。所以這個醫生應該拒絕看感冒病人，只看可以發揮他超厲害專業的罕病、重症病人嗎？

大部分專業的工作者，都要準備有十分的功力，但日常只發揮二、三分，這是正常的事。世界上沒有任何一份專業工作，是隨時需要發揮全力才能做的，如果做什麼事都要耗盡全力，比較合理的猜測是：這個人的能力不怎麼好（阿北好毒）。

2．想要為社會有所貢獻

你說你是為了想貢獻社會而到ＩＮＧＯ工作，難道顧問工作或是學術生涯，都不能貢獻社會嗎？想一想你對「貢獻社會」的定義，是不是一個從 Hello Kitty 自動吹泡機裡面冒出來的粉紅色泡泡？認為只要在NGO工作，就比較崇高、比較有貢獻，恐怕是一個幻覺。

任何工作只要有專業性，並非是每個人都能做的，就是有貢獻的工作。像是醫生、律師。但一個醫師為了賺錢只做醫美，一個律師只接大案子，這樣算是有極大化他的專業貢獻嗎？貢獻不在於工作的專業度夠不夠高，更重要的是你有沒有站在社會公平正義的態度，用自己的專業去做促進崇高目標的事，而非以手術複雜度來決定專業度。

換句話說，「專業度」只是基礎，真正決定專業度的是「態度」。

3．想透過工作學習

有人規定你在NGO不能學習嗎？學習一定要回到學校嗎？NPOst 公益交流站最近賠本舉辦給NPO工作者自費參加的專業訓練課程，比如（不怎麼討人喜歡的）阿北帶領的工作坊，就只有八個人來報名上課，但老實說，那三小時工作坊，加上我事前備課的二十個小時，是我今年最快樂的時間。因為在準備帶領工作坊的過程中，我必須檢視自己的經驗與思考，並且跟其他同事討論他們的觀點，實際進行工作坊的時候，也跟著來自NGO的夥伴們一起思考，修正自己的預設立場，提出批評、也接受批評，這個過程因此有了很多的學習。

4·前線工作內容枯燥、沒有挑戰性

我剛好跟你相反，是一個喜歡前線工作的人。

因為前線工作才可以身處第一線，與你想要幫助的人們一起工作，並且可以透過計畫執行（project implementation）的過程，來檢視自己對於「幫助」的觀念在紙上以及實際上有沒有落差。這一點是專門審案子給錢、監督評估這些事情拿錢、看起來很威風的金主（funding agency）所無法體會的。

老實說，我在NGO領域工作十五年來，無論工作內容如何枯燥重複，卻從來沒有覺得自己停止學習，時代的演進會讓原本覺得理所當然的「對」的做法，有一天說不定突然翻轉變成全盤皆錯。

繼續用醫生的例子來說，過去醫生認為失智只會發生在老人家身上，所以叫做「老人痴呆症」，但近十多年來發現其實不是老人的族群也有可能會罹患早發性失智症，所以過去那些比較年輕的失智症患者，可能都被這些專業醫生誤診為憂鬱症或其他病症。這樣的例子提醒我們，即使面對表面上「理所當然」的事情一百萬次，也要將每一次當作第一次一樣，非常謹慎、敏感，時時檢視自己的預設立場，並且時時更新、學習，否則就會流於僵固傳統的窠臼，無法跳脫，甚至做出完全錯誤的決定。

5．沒有晉升的機會

「晉升一定好嗎？」這是我常常問自己的問題。

就像前面說的，我是個喜歡做第一線工作的人，但如果榮獲「晉升」，意味著去做幕後的管理職，表示我無法做自己原本喜歡的工作，因此變成一個不快樂的人，那我不就被「晉升」這件事懲罰了嗎？在職場上做久了為什麼一定要晉升？為什麼不能一直做自己真正喜歡的事？這是ＮＧＯ工作者需要想清楚的事。

6．提出的建議沒有被採納

有沒有可能是你的建議根本不夠好？

如果你建議的計畫非常好，卻沒有被採納，既然是那麼值得做的事，為什麼不願意自己跳出組織，在工作之外，用兼職或是志工的方式，幫助另外一個ＮＧＯ組織，甚至自己組織一個計畫團隊來做？當你必須自己承擔所有的成敗風險時，你對自己提出的建議，還有那麼高的評價嗎？

如果確實這麼好，而且非做不可，你一定會找到一個方法去實現它的——無論是不是在自己服務的ＮＧＯ。

換一個視角看工作，無論是不是ＮＧＯ領域，世界上都不會有一份完美的工作，可以滿足你對工作所有方面的期待。能夠發揮專業，又有滿足感，可以晉升，又可以幫助世界，能夠學習，意見又都可以被採納，會這麼想的人，不見得換一個跑道就會變好，因為一個「貪心」的人，到哪裡都不會找到真正的快樂。好好想一想，你想要從ＮＧＯ工作中得到的是什麼？

第 47 回合

「外勞」「外配」是中性字眼嗎？

暨南大學東南亞系大二學生：

阿北您在演講時有個部分我感到意外，想與您交流一下。

演講當中，您提到許多關於「外配」與「外勞」的字眼，但我的理解是，當您在說這兩個詞彙時，似乎專指來自東南亞與中國這兩地的人民。

也許從字面上解釋並沒錯，但是您也提及了，有些外籍「新娘」已經都成為「老娘」了，卻還是被套上「外來」這個詞。加上社會長期將這兩個詞彙汙名化，導致說出這兩個詞，常會帶有歧視意味，否則，就不會只是把東南亞的人民歸納成外勞、外配。因此目前我們會希望稱其為移民、移工。

我相信這些您都理解，畢竟您是這麼具有國際觀的人，但是我認為在演講中，您不斷地提起這兩個詞有些不妥，似乎潛移默化地在加深大家的刻板印象，尤其您又是這麼有名的人。

也許我的觀點不一定對，但還是想與您互相交流一下，因為我認為要鬆動社會的歧視，就該從小細節的地方改起。

永遠都想得「剛剛好」的褚阿北：

——想太多，或是想太少，都很不健康！

真正的區別不在字面上

謝謝你的提醒，你說得很對，魔鬼往往藏在細節中。但我不得不說，針對這件事，同學你未免想太多了！（戳太陽穴）

但是既然我被好意指正了，就來說一下身為一個長期駐點在東南亞國家的ＮＧＯ工作者的觀點好了。

外勞跟客工、移工，外配跟新住民、移民，究竟哪個才是夠「政治正確」的字眼？

根據「台北市立圖書館線上參考服務系統」的線上問題與解答，曾有位民眾想知道「外籍配偶」「外籍勞工」等字眼被說成具有歧視性，究竟爭議點在哪裡？稱為「外籍移工」就不具有歧視性了嗎？還是應該只以「移工」稱呼？北市圖諮詢服務課的答案是這樣的：

「外籍配偶」「外籍勞工」目前為一般性的詞彙，並不具歧視性，且為政府單位發布公告用語。另經查相關文獻，僅「外籍新娘」在某些特定情境狀況下具歧視性，且爭議點並非在於「外籍」一詞。

我也相信，真正的區別不在字面上。

「外勞」「外配」這兩個詞彙，就像「外師」一樣，本身是中性的，只是客觀地陳述一個身分，不會因為拿掉「外籍」或「外來」而有所區別。不過台大社會系藍佩嘉教授在二〇〇五年一篇〈種族歧視修辭學〉中，認為「外籍勞工」「外勞」的名詞本身，因為僅指經過特許「進口」來工作的外籍「藍領工人」，因此帶有歧視與敵意的意涵，建議以「移工」（migrant worker）來稱呼。

長年來我很尊崇藍佩嘉的研究跟觀點，但她跟許多學術界人士一樣，屬於想太多的人。政治大學法律系廖元豪教授也曾經說過類似的論調，他說：「……無論稱『外籍配偶』或『外籍新娘』，都有刻板印象的歧視意味。這些遠渡重洋嫁來台灣的女性，結婚多年或甚至已經歸化取得身分證，為何還被稱『外籍』？她們自己較喜歡的稱呼是『新移民女性』！」

為了證明不是我太不敏感，我特地問一位早在十多年前就已經歸化台灣國籍的印尼外配，長期在屏東從事跟外勞、外配權益相關工作的社工師好友莉莉：

「妳真的有比較喜歡被叫做新移民女性嗎？」

「我覺得沒差啦！」莉莉毫不猶豫地回答，「移工、移民，這些不知道是誰想出來的詞ㄋㄟˊ！我自己本身從來沒感覺被歧視啊！」

但是我確實知道，莉莉並不喜歡被稱為「外籍新娘」。

「有時候菜市場賣菜的聽出我有口音，叫我『外籍新娘』，我比較不好意思而已，明明已經老了，還新娘咧！」

每次聽到有人叫她外籍新娘，莉莉都會跟對方強調說她不是「外籍新娘」，而是「外籍老娘」。（笑）

這樣聽一聽、想一想以後，我想我還是會繼續自由自在地把移工跟外勞的稱呼混著使用。

語言的使用，是否應該戰戰兢兢，如履薄冰？這見仁見智。我知道謹慎用詞的重要性，但我們也不要忘記，當事人如果並沒有因為被稱呼為「外勞」「外配」而被冒犯，甚至他們也是如此稱呼自己，反而是主流社會的我們，片面「決定」改叫做移工、移民比較好，會不會這是另一種出於善意的霸凌？

身在東南亞工作，我也常自稱為在海外的「台勞」，但我並不是出於自我貶抑而這麼說的，而是覺得這個名詞很正確地形容我的身分。

明明是中性的語彙，為什麼不能用？誰說的？正確嗎？為什麼？替代的語彙真的有比較好嗎？如果「外勞」不能用，那「菲傭」不是更糟？我覺得這是一連串非常有趣的問題，說不定可以成為一篇關於認同的論文研究題目也說不定。但是我想隨便舉個例子，藍佩嘉教授在二〇〇九年發表的一篇〈當大學生菲傭遇見台灣新富僱主：跨國語言資本中介的階級畫界過程〉論文中，也在陳述中將「菲律賓家務移工」「菲傭」「菲勞」這些名詞交替混用，我應該崩潰嗎？

想太多固然惱人，但是想太少，或許更糟。有沒有人可以告訴我，為什麼我從來沒有聽過有台灣學者，基於同樣的理由，反對把在全台灣美語補習班工作的外國老師稱作「外師」？

「外師」的薪水就硬生生比美國出生長大的「ABC」高出一大截，而ABC又比台灣本土的英語老師來得高，這種同工不同酬的制度性歧視，會不會因為一律通通改稱為「老師」，就一夕之間打破階級、薪水的不公平，或是家長對於白人英語教師的迷戀？

你應該還會繼續聽到我使用「外勞」「外配」這兩個詞，但是「大陸妹」「426」或「黑鬼」可就完全不同了。這樣的字眼，就不是在我標準裡的中性詞彙，所以保證絕對不會出現在我的語彙中。無論何時何地、公開或是私下場合，都不會聽到我的口中冒出「大陸妹」三個字，無論是用來形容一種人，還是一種青菜。

啊啊啊啊啊！說到這裡，突然好想吃炒福山萵苣啊！（那是什麼鬼？）腦波太弱的人，真的活得很辛苦啊！

第48回合

受虐漁工與NGO的道德迷思：如果當時再多做一點，我能改變世界嗎？

雖然很雞婆，但是很膽小，這幾天一直失眠的NGO工作者：

阿北，我是一個協助外籍移工的NGO工作者。前幾天在《報導者》刊出的一篇〈「走入印尼─懸案篇」未解的謎團：一名印尼漁工之死〉裡，看到一名印尼漁工Supriyanto在台灣遠洋漁船上離奇死亡，同船漁工在他生前錄下幾段影片，偵辦的屏東地檢署找來翻譯影片的印尼通譯，卻好幾段都無法理解，「Supriyanto被毆打，臉腫起來、無法走路等，也都被一句『聽不懂』帶過」。

報導裡寫說「監察委員王美玉質疑，一年有六十幾萬名外籍移工來台灣工作，他們在這裡生老病死，一件死亡成謎的案件，卻請不到一個專業翻譯。」

實際上，當時我有經手到這件事，報導裡的這位印尼通譯發現自己聽不懂時，立刻去找了會說爪哇方言的外配姐妹來，結果那位來自西爪哇的外配姐妹一聽，說這是中爪哇的方言，她也聽不懂，所以她們又趕快去找到一個來自中爪哇的外配姐妹，沒想到後來就一直沒有接到地檢署的電話，甚至得到：「案子已經拖很久了，要趕快結案」這樣的回覆而沒有重新翻譯。

雖然這個案件我不是直接利害關係人，但這個技術性的缺陷讓我覺得很難過，因為說不定據理力爭、重新翻譯的話，整件案情就會水落石出了呢？還是我想太多了？

即使世界很糟糕，也要睡飽養足力氣的褚阿北：

身為ＮＧＯ工作者，如果想要長久做下去，就要有一顆很強的心臟才行，因為如果這個世界是完美的，就不需要ＮＧＯ工作者了。

因為不完美，才需要改變

精神的潔癖，往往讓我們在處理ＮＧＯ工作的過程中，一旦遇到道德問題或是不完美的細節時，覺得信心崩潰，世界都要塌下來了，就像你遇到的情形一樣。突然之間，那十幾句沒有翻譯到的中爪哇方言，就變成了案情水落石出最重要的關鍵，說不定就因為這幾句話沒有翻譯到，正義就無法得到伸張。然後你就失眠了。

難道你覺得，你是唯一想到這個問題的人嗎？

從地檢署、經手的法官，到提出質疑的監察委員、寫這篇報導的記者，其實每個人都看到了這個缺陷。

由於你的責任心，因此覺得這件事情之所以沒有辦法得到完美解決，是因為自己膽小，不敢據理力爭。然而退一步想，這個細節，真的對於整個案情有決定性的影響嗎？就算有，對於整個系列報導所要表現的重點——希望台灣當局能夠重視未來全體外籍漁工的人權跟權益——有沒有任何傷害？

這篇報導上線之後，我有一位在台灣遠洋漁業大本營、前鎮漁港工作的NGO同事轉述她好友的回應。這位好友的丈夫就是海員，也是漁船船長、漁撈長，親戚也有幾個與海為伍，看到報導中形容台灣漁船的殘忍說法，覺得相當難過痛心：

「惡劣的船東或船長是有，但也有善良的船東與船長啊……不是都那樣子好嗎？而且海上作業不能用陸上打工的標準，魚何時入網是不定時的，每天在海上是在與天鬥與海搏，船長繫著一整船船員的命與生計，以及對公司的責任。」

這樣說當然也沒錯。但我們換個角度想，這個系列報導如果加入「台灣好船長系列」，甚至辦一個開放外籍漁工網路票選，選出前十名「視外籍漁工如至親」的人氣船長，難道這個系列報導會變得比較好嗎？還是反而會模糊了焦點？

同樣的，一個在聖多美進行人道援助的台灣NGO，因為斷交的政治關係，必須突然結束計畫，是不是就不「人道」？

那麼各國的援外組織，有條件式的以人道援助計畫來交換外交利益（比如用醫療計畫交換該國深水港的經營權），或是企業利益（比如瘧疾防治的噴藥必須從資金協助國採購），真的就比較人道嗎？

到底什麼才是重要的？

我曾經遇過一個很棒的在地ＮＧＯ工作夥伴，可是他很愛喝酒，我自己並不喝酒，在我眼中他根本到了必須進勒戒所的程度。問題是他如果不喝酒，就沒有辦法把工作做得很好，那麼他喝酒到底有沒有關係？到什麼程度才有關係？做ＮＧＯ工作的人，真的要比其他人有更嚴謹的生活習慣嗎？

前陣子有部在發展工作者之間很流行的電影叫做《極渴救援》（A Perfect Day），導演是來自西班牙的 Fernando León de Aranoa，電影以一九九五年在戰火中殘破的巴爾幹半島作為背景，故事圍繞在全村賴以維生的一口水井裡出現一具死屍，推斷是鄰村的無良販子為了賣水而犯下的惡劣行徑，當地ＮＧＯ工作者就算知道，對於當地人的自私行為卻束手無策。

「如果需要被幫助的對象，自己內部弱肉強食，我們是否有權利決定誰有資格受到幫助、誰沒有資格？」

就連ＮＧＯ工作者想要找一條繩子把死屍懸吊上來，避免汙染水源、造成傳染病，都遭受聯合國維和部隊的各種禁止干預與限制，阻撓他們做這件理所當然的人道救助工作，甚至不惜把繩子切斷。這看似荒謬的情節，卻是發展工作者每天確實要面臨的現實。

所以到底什麼才是重要的？

如果你認為現在提出這個地檢署沒有翻譯十幾句中爪哇方言，因此會有很多人去注意，甚至會讓案情大翻盤，那你很可能會失望。

但你要想的事情是：「如果我什麼都不說，會不會遺憾？」更重要的是，「下一次我應該要怎麼做，才可以避免這種遺憾？」

那麼，你應該會得到好的答案。

作為一個因為世界不完美，才會存在的ＮＧＯ工作者，應該知道眼前發生的事情，不會是第一次，也不會是最後一次。我們能夠想到的事，也不大可能是從來沒有人想過的事。我們的工作，或許不一定能改變世界，卻可以要求自己，每一次都要學會用更好的方式來想問題、面對問題，讓自己變成一個更好的工作者，一個值得自己喜歡的大人。

因為正義，不會是只需要做對一次的事。

第49回合

海外異鄉工作者如何過節？

好奇的二十二歲大學生：

像阿北一樣長期在外的異鄉人，跳脫出來看，還覺得很多家鄉節日很有感覺嗎？在外工作的人如何排遣無法回家過節的心情？

溫暖又冷血的阿北：

台灣人不會過節，所以不遺憾。（彈菸）

到底應該過什麼節日？

農曆新年剛過，大家開始努力減肥了嗎？（壞心）

其實這個問題是過年前收到的，但是阿北決定留到過年後再回答，才不會因為溫暖的回答流於感性，讓大家以為冷血的ＮＧＯ工作者阿北竟然是個充滿感性的文藝青年。（誰這樣想了）

我真心覺得如今大多數的台灣人不大會好好過節，也曾經寫過一篇叫做〈不會過節的台灣人〉，感嘆台灣人遇到節日無非就是放假，短一點就在家睡覺，隨便出外玩一玩，連假就是搶高鐵跟火車票回家，假期長一點就出國，總之跟節慶本身似乎都沒太大關係。

我記得在台灣念博士班的越南朋友荷安曾說：「我剛到台灣的時候，過農曆年時特別失落，因為越南人為了過年，要整整準備兩個月。但台灣人好像就是大年夜隨便吃個火鍋，隔天早上拿個紅包、出國去玩，年就這樣過了。」

荷安說在越南，每到過年前，母親總是會花兩個月去收集過年要用的食材，從哪個親戚那兒收到當季剛收成、品質特別好的糯米，或從哪個朋友那兒買到做菜用的南北乾貨。一家人雖然不富裕，但隨著家裡廚房「過年專區」的食材逐漸堆高，年節氣氛也越來越濃厚，光是看著、想著這些過年才可以吃到的好料，全家大小就充滿對過年的期待與快樂。

所以如果是在便利商店預訂宅配年菜，或是去年貨大街一次買齊，其實不算會好好過年啊，只是用平常的方式，比平常更加暴飲暴食而已。

會過節的人，不需要奇特的節日，泰國的父親節、母親節就能讓參與過的每個人都為之動容，就是很好的例子。許多人出國，無論是到德國參加啤酒節，或是去日本新年時參加「初詣」（正月到神社、寺院進行新年後的首次參拜），看著外國人的節慶過得有滋有味，心生羨慕，回到自己的家鄉卻仍然不懂如何過節、不會度假，本來可以享受的美好生活少了一大半。如果不會過節，就算把緬甸的潑水節搬到中和華新街、穿著浴衣的日本夏日祭搬到北投，或是巨大的聖誕樹搬到百貨公司前面的廣場，這些膚淺的活動本身，都不會讓台灣變得比較迷人。

想要好好過節日，必須先將節慶跟自己的文化傳承、自然時序的底蘊緊密結合，用分享的慶祝形式來感受真實的人際關係，透過與傳統的連結來創造未來的記憶，透過把節慶過好，變成「很會過節的人」。而不是為了誰辦豐年祭、矮靈祭吵得不可開交，變成「很容易有過節的人」，一下烤肉，一下穿和服，一下子南瓜萬聖節，爭奪節慶的所有權，用各種半吊子的節慶把日子亂糟糟地填滿，卻忘記了節慶對社會的療癒力量，以及文化的傳承意義。

一年三百六十五天，節日很多，在多元的現代社會，本來就沒有什麼節日是「所有人」的，到底誰應該過什麼節日，誰擁有什麼節日，什麼節日該放假，往往成為爭吵的來源。

如果大多數台灣人都只是這樣過節的話，我不覺得身為在海外工作生活的台灣人，沒有回台灣過節有什麼特別遺憾的。因為就算回國，我的家人、朋友也都出國去旅遊了啊！難道你們自己出國去玩，卻要阿北特地回台灣當打更的人，敲著鑼整夜到處巡邏，幫大家看家嗎？那未免也太壞心了！

過節是異鄉工作者好好檢視自己的機會

海外的ＮＧＯ工作者應該在逢年過節的時候，好好捫心自問想兩個問題，一個是往內看，另一個是往外看——

往內：為什麼不回家就不能過節？

往外：我能為無法回家過節的人做些什麼？

為什麼不回家就不能過節？

不回家當然可以過節，過節也不一定要在家裡，要不然為什麼那麼多人過節時出國去旅行，甚至特地去國外過跟自己沒關係的、別人的節？

放了假不想留在台灣，卻到東北亞的日本去「過節」，到各大小地方去各式各樣的祭典，其實就是不會過節的人，對於會過節的人的一種致敬方式。從學習穿浴衣、繫和服的腰帶，了解祭典的時間和順序、該吃什麼、該怎麼進行儀軌……從這些細節中感受「過節」的美好。

一個懂得把節日過好的人，就是一個會生活的人。只有會過節的人，才擁有對文化的「解釋權」。

生活的滋味是經營出來的。比如說丹麥人很會過生活，丹麥人的生活方式叫「hygge」，代表溫暖、舒適的意思。丹麥是個小國，但生活裡面如果有燭光、咖啡、紅酒、糕點、羊毛毯、毛襪或親密的親友，無論在哪裡，都會營造出溫暖、舒適的美好生活感受。我一位同樣在NGO工作的丹麥同事，雖然在泰國生活，整天出差，但是他在異鄉生活中「hygge」的元素卻很齊備，從來沒聽說過他在異鄉過節的時候會覺得寂寞。

如何享受hygge的美好，邁向幸福人生？天下雜誌曾經綜合《電訊報》《紐約時報》《衛報》、BBC等，提出六點建議，我在這裡簡述如下——

享受燭光：丹麥是全球蠟燭消費量最大的國家，丹麥人平均每人每年燒掉約六公斤的蠟燭。（阿北的溫馨小叮嚀：神案上拜拜的蠟燭不算吼。）

創造一個快樂的家：丹麥人用木頭家具、皮革與毛毯製品的家居布置，增加丹麥人的視覺與觸覺體驗，也讓回家成為一件幸福的事。

品嘗美食與美酒：不用吃豪華的山珍海味，在家喝一杯熱巧克力、一壺有機茶，或是幾口熱紅酒，再配上手作糕點，就能帶來幸福感。

與親朋好友相聚：有一小群真正的朋友，最多三、五個就夠了，伴著喜歡的飲品和手工糕點，享受聊天的樂趣。

享受停機時間：什麼都不做也不會有罪惡感，既然沒事就不用拿起手機猛滑，因為沒在做任何事情的時候，其實你正在享受 hygge。

為簡單的事情喝采：擁有低度期望。擁抱簡單，拒絕昂貴的品牌或奢侈的消費。贈人玫瑰，手有餘香，當然就是最美好的回報。

我能為無法回家過節的人做些什麼？

選擇在海外工作的台灣人，基本上都有行動的自由，只是過節時我們「選擇」不回鄉。但並非每個人都像我們這麼幸運，在ＮＧＯ的領域中，有那麼多無法回鄉過節的人，可能是海上的漁工、陸上的長期照護幫傭、工廠工地的勞工，或因為戰亂失去家園的難民。如果你也感受到那種不能回家過節的失落，他們的失落感肯定超過你百倍千倍。所以我們可以做幾件事——

幫在台異鄉人過他們的節日

加入在地那些幫助這些行動自由受限或無法選擇回鄉的NGO組織的志工行列，無論是組織在地小型的傳統慶祝活動，或是提供場地、募款等，盡量讓這群人能夠在遙遠的異鄉，也能享受到節慶的「hygge」。

幫在台異鄉人過我們的節日

在過重要節日的時候，邀請一個或三、五個移工加入我們的慶祝活動，趁機解釋每一個活動的意義，讓他們有機會認識與工作無關的台灣朋友，體會台灣的善意，之後還能保持聯繫。甚至在移工、難民回國後，趁過節的時候互相到對方的國家拜訪，建立一輩子的友誼。

檢視自己內心的歧視與偏見

既然我們羨慕過節日的美好，喜歡去日本、韓國過各種當地的傳統節日，甚至遠道去德國參加啤酒節，為什麼卻沒有多少人想到去越南、泰國、印尼這些文化也很豐富悠久，也都很會過節的東南亞國家參加傳統節慶呢？何不成為一個種子，把自己美好的體驗傳達給身邊這些在異鄉社會底層求生的移工，讓他們也能以自己的文化傳統節慶為榮。

第 50 回合

為什麼台灣人歧視在台移工，卻不怕到大陸工作？

總是在打抱不平的前NGO工作者：

阿北，之前曾看到報導說，台灣有兩百萬人在大陸工作、生活。這幾年來台灣有越來越多NGO鼓吹倡議移工在台生活的權益與工作條件，我自己本身也在移工團體服務過，越想越覺得奇怪：台灣人在大陸也算是「移工」嗎？為什麼我們可以如此苛待在台灣的外籍移工，卻一股腦兒地就不害怕去大陸當「移工」？我們的社會為什麼不會像歧視東南亞移工一般，歧視到大陸工作的台灣人？

也長期身為「移工」的褚阿北：

台灣不是正要過年嗎！過年問這麼嚴肅的問題有人要看嗎？（摔筆）而且你的問題實在太敏感，阿北的玻璃心禁不起挑戰（才怪）。我不會告訴你答案，不過我可以分析幾個因素給你，讓你自己找答案。

台灣有兩千三百多萬人口，既然有近十分之一的人口在中國大陸工作，這兩百多萬人算不算「移工」？如果是的話，在全球移工的分類上，到底算是哪一種類型？

我把這個問題，請教人類學出身，長期關注菲律賓移工問題的新聞工作者「阿潑」黃奕瀠，她說：「我曾看過一個說法：移工跟候鳥一樣漂泊，只要離開自己的土地，不斷往返，就是移工。從這點看，無論大陸人在台灣工作，或是台灣人在大陸工作，當然都是移工，沒有什麼差別。」

根據《經濟學人》週刊，國際移工基本上分成四類。既然台灣人到大陸工作，無論藍領白領，本質上確實就是國際移工，那麼究竟屬於哪一種類型？

第一類是最傳統型的「從開發中國家到高度開發國家」，這一類移工根據麥肯錫顧問公司下屬的研究單位 McKinsey Global Institute 估計，有一．二億人。從在巴黎街頭看到賣仿冒ＬＶ包的塞內加爾攤販，到加州葡萄園工作的季節性墨西哥移工，都屬於這一種。

第二類是從一個開發中國家到另一個開發中國家，共有八千萬人。這包括了到中東阿拉伯灣岸國家討生活的印度人跟菲律賓人，也包括了逃到約旦的敘利亞人，或是在衣索比亞、肯亞的索馬利亞難民。

第三種是高度開發國家遷徙到其他高度開發國家，比如說很多瑞典人長期在挪威工作，也有許多德國年輕人到奧地利去上大學，這一類有四千一百萬人。

第四種是從高度開發國家到開發中國家，約有七千萬人。比如說英國人到坦尚尼亞或其他英屬殖民地經營大型農場，把雞肉跟雞蛋回銷到歐洲，或者歐洲的傳教士到非洲去建立教會、法國的無國界醫生到南美洲行醫等等。

所以每十個台灣人有一個在大陸工作，究竟算是這四種中的哪一種？

不是對中國心存冒犯，但第一種「開發中國家到高度開發國家」的可能性，確實可以直接略過不用討論。

那麼是第二種「開發中國家到開發中國家」嗎？

這類型比較複雜，但也最有趣，因為開發中國家，還分成相對有錢跟相對貧窮的。相對有錢的開發中國家如菲律賓跟印度，其人民窮歸窮，還是可以買得起單程機票去遙遠的杜拜打工，奈及利亞人也可以負擔人蛇高昂的費用渡海去歐洲掙錢。

然而相對極度貧窮的開發中國家，人民窮到沒辦法去到灣岸國家，更別說歐美了，只好在鄰近打轉，找比較不那麼窮的地方去。於是馬利人只能在西非流竄，阿富汗人湧向巴基斯坦，柬埔寨人和緬甸人到泰國打工，布吉納法索人去鄰國象牙海岸……基本上就是巴士到得了的地方。

象牙海岸也很窮，跟孟加拉一樣窮，但好歹比布吉納法索富裕。根據世界銀行的估計，約有一百五十萬的布吉納法索移工，住在兩千三百萬人口的象牙海岸，而這些待在象牙海岸的外勞所匯入母國布吉納法索的薪資，占布國所有海外薪資的百分之八十七。

世界銀行的 Dilip Ratha 說：「越窮的人，他們願意遷移的距離就越短。」（The poorer the people, the shorter the distance they want to travel.）

同文同種，加上使用同樣的貨幣，讓布吉納法索的移工在象牙海岸生活適應不至於太過困難，雖然做的是苦力、建築工、市場攤販這些辛苦的工作，但也不會比在自己的國家辛苦，屬於可以接受的範圍。

至於兩千萬孟加拉窮人到鄰國印度工作，則取代了印度底層部分的勞動力，讓印度的窮人去波斯灣打工；寮國、柬埔寨、緬甸的窮人到泰國的農村打工，釋出泰國農村的人力到台灣打工。於是，台灣有了超過六十二萬來自東南亞各國的移工（這還不包括以外籍配偶名義在台生活，以及官方無法計入的流離人口）。

那麼，台灣人以移工的身分，都去了哪裡？

十分之一的台灣人選擇到遷移距離最短的中國大陸生活、居住、工作，跟第二類移工潮流有沒有關係？

或者，兩百萬台灣人在大陸算是第三類「高度開發國家遷徙到其他高度開發國家」？這跟美國紐約華爾街銀行家精英轉戰英國倫敦金融界，或奧地利武打明星跨海征服好萊塢然後華麗變身為兩屆加州州長，是同一個概念嗎？

在北歐，挪威最多的移工來自瑞典，而瑞典的移工最多來自於芬蘭。對他們來說，反正維持同樣的生活品質，在母國沒有比較不好，移住的國家也沒有特別好，哪裡有工作，哪裡工資高，就到哪裡去，無論是為了學位或是工作，只是簡單的供給需求媒合而已。

阿潑提醒我，《報導者》曾經做過一個專題，標題是「被台灣拋棄的博士們，西進中國的學術移工」，就是專門講六、七年級的台灣博士到大陸各省分大學執教的這批「移工」。

我注意到這個教育界移工的趨勢，不只很多在台灣找不到教職的台灣博士到大陸大學去就職，很多在台灣的傳統升學制度下考不上醫學院的人（包括退休後想學習中醫的中年人），也選擇到大陸去念醫學院；在台灣想朝職業足球發展的學生，也到中國去上培養職業足球員的足球學校。

這有點像在德國想學醫、獸醫、經濟學或念心理學，但因為競爭太激烈以至於在德國升學制度中被刷下來的八萬年輕人，跨過國界到只有八百萬人口的奧地利去註冊當地大學。因為奧地利原本採取開放的學制，相信任何高中畢業生都有權利可以自由選擇想念的科系，沒有成績要求的門檻，而且只要是來自歐盟國家，即使外國人來奧地利上大學，基本上都形同免費。

奧地利靠德國邊境的大學，因此有幾乎超過一成以上的學生是德國學生，造成奧地利納稅人的不滿，開始要求奧地利大學醫學院設置保障名額，保障奧地利本地生占百分之七十五，歐盟學生占百分之二十，其他外國學生占百分之五。

又或者，台灣人到大陸工作更像第四類「高度開發國家到開發中國家」？很多台灣人相信是，但我抱持比較懷疑的態度。精英人力資源總經理劉匡華在一次接受《Cheers》雜誌訪問時說過耐人尋味的話，他認為台灣人到大陸發展犯下最大的錯誤，正是「把去大陸當成到非洲」：沒做足功課、放不下身段，認為兩岸同文同種「沒有差異」，到了當地卻又自認「高人一等」。

光從數字上來看，二千三百萬人口的台灣去大陸的有超過兩百萬人，將近十四億人口的大陸，其企業派來台灣的卻只有兩百多人，即使台灣的大專校院開放招收陸生也只招到總名額的三分之一。既然兩岸同文同種，也都堅信「人往高處爬，水往低處流」的硬道理，為什麼沒有更多的陸籍主管、陸生對台灣趨之若鶩？台灣人若真的去布吉納法索發展，當然可以算是第四類，但請問大陸是布吉納法索嗎？

當然，大陸不是布吉納法索，台灣也絕對不是奧地利。如果把一百五十萬布吉納法索人去象牙海岸當移工，跟二百萬台灣人前往大陸討生活的現象拿來類比，當然不合理。但堅持這兩個例子完全不可以放在一起比較，也未免太武斷。兩百萬台灣人在大陸當移工這個事實，平心而論，放在這四種國際移工的分類架構底下，到底屬於哪一種？請不要告訴我以上皆非，世界就這麼點大，台灣也沒有這麼特別，真的沒有第五種了。

至於答案是什麼，就要看我輩台灣人有多少能力，可以誠實面對自己的困境了。

第51回合

進NGO一定要會講英文嗎？

三十一歲正在澳洲打工度假的 Isabel Tsai：

請問英語能力非常重要嗎？如果想進入ＮＧＯ，平常在澳洲可以跟外國人正常對話夠不夠？

褚阿北：

語言根本不是重點！但也是很重要沒錯。（精神分裂）

語言根本不是重點！

除非你的工作就是「跟外國人正常對話」，不然英文會話有屁用啊！（敲頭）

不要說在國外，請問如果有位在台灣的外國人，跟你說他因為可以跟台灣人正常對話，所以想在台灣找工作，請問你覺得有人願意付錢讓他做這份「跟台灣人正常對話」的工作會是什麼？

「那當然要看他的專長是什麼啊！」你一定會這麼回答。

是啊，那你的專長是什麼？

跟外國人能夠正常對話，不算專長吧？很多人都把「會說英文」當成專長項目，你不覺得很奇怪嗎！（激動）

最接近你的描述，感覺上又不需要什麼專長的，恐怕就是「陪伴獨居老人」吧？但是你就算在台灣，會想要陪伴獨居老人嗎？為什麼到了澳洲就突然性情大變，覺得陪伴澳洲獨居老人很讚？你在台灣的爸媽，啊不就是獨居老人嗎？你回來台灣陪就好了啊！（脾氣很差）

彭婉如文教基金會有聘用所謂的「居家陪伴員」與「居家照顧員」，前者陪伴老人聊天、上醫院並做簡單家事；後者則照顧失能老人與慢性病患，薪水也不錯。但是，難道只因為你的母語是中文，就應徵得上嗎？

成為陪伴員之前是要上課的。課程內容從職業倫理規範、醫藥常識跟急救概念開始，認識老人的心理與行為表現，學習良好的溝通技巧、上下樓梯攙扶技巧、用藥常識與須知，到認識失智與憂鬱症、認識「感覺統合」在銀髮族照顧上的運用，包括感覺統合動作的功能和活動類型，以及銀髮族居家環境與擺設、銀髮族的飲食……「陪伴員」不是只會打屁，就像「空服員」不能只會送餐，雖然表面上看起來他們只是在做這些「輕鬆」的小事。

如果在台灣有居服員的資格，是不是加上會「跟外國人正常對話」，就可以進當地的醫院或是安養院工作呢？

錯。

在澳洲，你至少要有所謂的「三級老人看護證書」。除了要上半年的課、實習，還要取得急救證照，還要有良民證，確認你沒有犯罪紀錄。如果需要接觸小孩的話，還得有「藍卡」（Blue Card），確認你不會傷害小孩。這些都有了嗎？那還得有組織願意僱用，你才可以把「陪伴老人聊天」變成工作。

「那麼麻煩？那我當志工就好了。」

什麼叫做「就好了」？（遷怒）很多人以為只要有錢有閒，誰都可以當志工。但是你知道如果要在台灣的張老師當「1980 專線」志工，養成訓練課程有多長嗎？三個階段、九個月、兩百小時的嚴格訓練過程，還要實習，通過才能獲聘擔任所謂的「義張」——義務張老師。我每次只要聽到有人若無其事說「我當志工就好」，就一肚子火啊！（編輯默

默遞上青草茶）

開什麼玩笑，語言當然很重要！

所以語言不重要嘍？才怪！語言當然很重要！

尤其每次走在路上，看到摩門教士在路上傳教，就覺得語言真的好重要，只會正常對話根本完全不夠啊！

其實「傳教士」，說穿了就是把宗教當成商品的業務員，有多少外國人因此改信摩門教，其實不怎麼關鍵，重要的是在傳教的過程中，他們學習到如何用對方的語言，跟大多數人溝通那些連用自己的母語也沒辦法好好說明清楚的「信仰」。

年輕的傳教士在國外傳教的過程中，就是創造一個自然的「語言習得」環境，體會學習語言、跟異文化成功溝通的快樂。就算「業績」掛零，這個經驗也會轉化成未來一輩子受用不盡、可以行遍天下的「溝通力」，以及未來職場上的「就業力」。美國許多營利事業跟非營利組織都很愛僱用這種有傳教經驗的摩門教徒，因為除了能夠吃苦耐勞，他們的「語言力」已經遠遠超過「能跟外國人普通對話」的程度。

我們應該回歸學語言的原點，想想自己到底為什麼想學語言，又想用語言做什麼事，用適合自己的方法和腳步朝這些目標前進。多想想怎麼培養對語言的興趣，怎麼讓語言融入自己的生活。

對我來說，學習語言的快樂，是在於讓自己成為一個有溝通力的人。在海外ＮＧＯ組織工作邁入第十六年，我仍然這麼相信著，因為最後決定我們看到的世界是什麼模樣的，會是「語言」，而不只是眼睛。

最後，我要無情地提醒一聲，如果你在台灣根本不關心社會運動、正義、人權，也從來沒有接觸過ＮＧＯ組織，那麼到澳洲、火星，就算選上「宇宙小姐」前三名，你也不會對ＮＧＯ有興趣的。

第52回合

給裴大生：有沒有關係、需不需要幫助，由誰決定？

困惑的家庭主婦：

暑假到了，最近很多大學生又要去當志工。關於前陣子鬧得沸沸揚揚的「傻志工」事件，阿北怎麼看？

什麼都難不倒的阿北：

關於裴大生「義工」跟「受援助」部落之間的僵局，黃盈豪老師已經從部落工作的角度，說得很清楚。但是我想跳脫部落的特性，藉這個機會探討，當NGO工作者在進行援助工作時，如何認定「有沒有關係？」以及「需不需要幫助？」這兩件事的本質。

二〇一五年四月，南投仁愛鄉互助村出現了「傻志工」，由三十五歲的裴大生發起，表示不主動募資，不發起募款，而是出於善意蹲點原民部落，成立「傻志工希望服務隊」，幫助部落中資源不足的弱勢孩童。

裴大生強調，他持續將民眾主動捐贈的善款與資源，投注在部落孩子身上，並且將過程陸續貼在臉書上，包括不公開社團「爆料公社」，內容涉及許多不同部落的各種生活細節，包括孩子染頭蝨、沒飯吃、姊妹遭性侵等狀況，希望社會大眾了解原民部落「需要幫助的地方」，看到台灣偏鄉真實的資源落差。

對部落居民來說，裴大生雖然注入許多物資與服務，然而不斷在社群上說部落孩子衣服破爛、沒鞋穿、將學校午餐帶回家當晚餐充飢等，都形同是對部落形象的中傷。此外，居民們也質疑他利用部落孩子募款，金流不透明，對當地情勢僅短短了解幾個月便大肆張揚自身「善行」，原本被許多人支持看好的義舉，在當地居民眼中逐漸產生反感。（參考：NPOst 相關系列報導）

本篇針對讀者朋友對裴大生事件發出的疑問，所做的討論與省思。

有沒有關係、需不需要幫助，由誰決定？

有一次我在擁擠的捷運站被一個穿著高跟鞋的女人踩了一腳，腳趾甲當場流血。女人繼續若無其事地往前走，我叫住她，但穿著高跟鞋的女生不以為然地翻白眼說：「不過就是不小心踩到而已，有關係嗎？」

要怎樣才有關係？粉碎性骨折嗎？

汐止一位民眾為了買早餐，把車大剌剌地擋在黃色網狀線，妨礙消防車進出通道十二分鐘，這位民眾覺得「停一下有什麼關係」，甚至跟消防員和員警起了肢體衝突。

緬甸的伊洛瓦底江上游，為了要建水壩，需要大規模遷村，為了大眾的利益，遷村有沒有關係？是被強迫遷村的村民決定，還是投資興建水壩的投資銀行決定？

有沒有關係這件事，誰有權利界定？

最近另一個新聞事件，是一支來自台中的十一人登山隊，在攀登中央山脈南三段時，有三名山友向南投縣消防局求援，派直升機將三人吊掛下山，結果發現其中兩人只是腳起了水泡，另一人甚至腳都沒起水泡，只是體力不支。當直升機將三人送下山後，三人都不願就醫，由親友開車接回家，造成網友一片謾罵之聲。

登山時腳起了水泡或體力不支，值不值得幫助？

如果拒絕救援，任由沒有能力繼續向前而被其他八個同伴拋下的三名山友，夜晚因為當天天候不佳、裝備不全而失溫休克，等到真的變成了山難再去幫助，真的比較「值得」嗎？

需不需要幫助這件事，由誰來決定？

我們都會說，踩人的、擋住消防車的，要蓋水壩的、拋棄隊友的，都沒有資格跟被害者說「沒關係」。電視機前的觀眾，也沒有資格對因為腳底有水泡想接受幫助的山友說：

「你不准接受幫助。」

「幫助」這件事情，想要得到幫助的人都可以提出，不應該交付全民公審，認為腳底起水泡的山友不需要幫助。就像一個認定自己被丈夫強暴的妻子，不需要名嘴的認可才可以報案。「幫助」這件事，不管我們喜歡與否，只有需要幫助者，才是擁有主動性權利的人，而不見得是手中握有資源的人。

「有關係」不代表就需要「幫助」

消防隊前面的黃色網狀線不能停車，因為影響了公眾利益，甚至造成了公眾危險，所以有關係，任何人都有權利介入，就像裴大生在爆料公社舉發村裡有人性侵一對未成年姊妹，性侵屬實，未成年少女已被安置。這樣的介入，就像醫生發現開放性肺結核病人後要將之隔離一樣，是為了公眾更大的利益所做的必要措施。

但是，「有關係」卻沒有造成公眾危險的事，也都很需要幫助嗎？

我在美國哈佛大學甘迺迪政府學院念研究所時，我跟著一個專門做國際發展的教授，學習發展領域的顧問諮詢。當時正好有一個客戶是位於亞利桑那州東邊的「白山阿帕契部落」（White Mountain Apache Tribe），需要研究「加拿大馬鹿」（Elk）繁殖過剩，造成山區開車交通危險的問題，以及如何在不損害部落傳統價值、甚至增加部落收入的前提下，有限度地開放非部落成員打獵。

加拿大馬鹿這個名字聽起來很陌生，但牠幾乎是世界上體型最大的鹿，也是北美洲和亞洲東部體型最大的哺乳類動物之一。到底有多大呢？如果不計算鹿角的話，成鹿的肩膀大概有一．五米高，重量三百多公斤。試想晚上在山路上開車，馬鹿受到車燈驚嚇，高速衝到馬路上，說有多危險就有多危險。

阿帕契族不像拉科塔（Lakota）的七個蘇族部落，把加拿大馬鹿當作心靈與精神的象徵。拉科塔的男性出生時，就會被贈予一顆加拿大馬鹿的牙齒，以保佑這個孩子平安長命。但是阿帕契人也謹守著「不過度向大自然拿取」的原則，所以每戶人家每年只能在秋天獵取一頭加拿大馬鹿，使用牠的毛皮，將肉曬成乾，在冬天缺乏食物的時候，作為肉類的來源。

「數量太多？那多獵幾頭就好了啊！反正自己不用還可以賣人。」這種想法，對於節制的印第安部落原住民來說，是不可想像的貪婪，所以才需要哈佛教授幫助他們找尋解套的方法。

當時如果部落沒有向哈佛大學求助，我們就不能只是因為「熱心公益」而主動介入。

當我們應邀以技術團隊介入時，建議方案也必須謹守部落「不過度向大自然拿取」的傳統。

美國印第安部落，當然有比馬鹿過剩大得多的問題，比如酗酒、肥胖、教育、世代之爭、經營賭場、詐騙政府補助金、貧窮、缺乏醫療資源、就業問題等。但正因為幫助這件事，不管我們喜歡與否，只有需要幫助者，才是擁有主動性權利的人，而不見得是手中握有資源的人，所以如果哈佛大學團隊只被交付因應加拿大馬鹿過剩的問題，這個專業工作團隊就沒有權利主張要介入「幫忙」其他我們自己覺得比較重要的問題。

因為「有關係」不代表一定要「幫助」。

一個孩子穿得破爛，沒有鞋子穿可能有關係，但不一定代表他不幸，需要幫助。部落裡動不動就喝酒、打架、騎車不戴安全帽，大人縱容未成年青少年抽菸喝酒有沒有關係，也不是一個志工，可以用自己的價值觀判斷，說了就算。

做對的事容易，但是把對的事做好，很困難。

裴大生抱著「做對的事」的美意，有了到目前為止的珍貴經驗，這是一個進修、充電的好時機，下一步不妨到公共政策或城鄉發展相關的研究所，進一步學習、沉澱、反思，不急在一時。假以時日，我相信裴大生更深刻認識「有沒有關係？」以及「需不需要幫助？」這兩個NGO工作的大哉問以後，會擁有更大的力量，不只是做對的事，而是有能力「把對的事做好」。

第 53 回合

要追的議題太多了，到底該如何關心世界？

困惑的大學生：

NGO領域有那麼多的議題，從改善貧困到教育，從環境議題到男女平權，好像每一個都很值得關心，問題是如果什麼都關心的話，根本關心不完，而且我覺得自己能力有限，到底應該怎麼選擇該關心什麼、關心多少？

什麼都分得很清楚的褚阿北：

「把慈善當作專業」跟「透過慈善覺得自己是好人」，本質上是完全不同的事。

有了錢就可以解決一切？

當網路變成像一串鑰匙般可以隨身攜帶的時候，「做好人」似乎變得太簡單。我們可以隨時到任何一個國際慈善募款入口網站，按照受歡迎度，或是地區，像在超級市場逛一行一行的貨架那樣，觀賞架上陳列著各式各樣待價而沽的不幸，選擇動物、藝術、文化、兒童、氣候變遷、民主與治理、災後籌建、經濟發展、教育、環境、健康醫療、人權、人道救援、饑荒、微型貸款、科技、運動、女性……喜歡的就放進購物車裡。

當然，你也可以選擇以地區別來「選購」世界各地的災難，非洲、亞洲、大洋洲、歐洲與俄羅斯、中東、北美、中南美和加勒比海地區，意思就是說，如果今天正巧特別關心緬甸的話，網站上就有十數種不同的計畫讓我隨意選擇捐助。

關心時事的話，也可以像商店推出本週精選商品那樣，專門挑選現在新聞上正熱門的話題，像是救助敘利亞的難民，幫助菲律賓颱風後的重建，日本東北地區海嘯後的復原工作。無論多麼巨大的災難，只要有十美金，相當於三百元台幣，任何人都可以下單「選購」一個計畫，立即享受作為「好人」的感受。

我一直覺得，這種超級市場風格的慈善募款計畫，門檻太低，造成了誤解，好像只要每個人掏出十元美金，有了錢世界上就沒有解決不了的問題，這種態度讓像我這樣的專業工作者，喜憂參半。

反過來說，當災難變成商品化的時候，也有像 flyingV 這樣在台灣向群眾募集資金的群眾募資計畫。表面上很類似，拿出一百元台幣就可以參與，卻有本質上的差異。

實質的回饋，是無可諉卸的責任

提案者站在商業效率的立場，公開自己的募資計畫，並提供相應的回饋吸引群眾贊助，以獲得足夠的計畫和支持者與執行費用，就像在網站上說明的：

「產品設計者能預先掌握生產量，有效降低開模、庫存的負擔；非產品的提案者則可以直接向支持者募取資金，讓計畫順利執行、並得到即時的建議。除了資金，在集中各領域使用者的群眾募資平台上揭載專案，過程中也能達到推廣、宣傳和行銷專案的效果。」

既不是逛災難超市購買好人卡，也不是當創投尋找下一個臉書或下一隻寶可夢。

目前台灣的群眾募資，因為法令限制，將贊助者投入的資金都視為捐贈，贊助者投入資金後，可以獲得提案者承諾的回饋，這屬於「附條件式的捐贈」，但在一些國家，也有接近創投的群眾募資平台，創業者透過群眾籌資，以債權性質或股權性質呈現。目前為止 flyingV 不僅是台灣最大的募資平台，也是全世界第一個與主管單位（金管會櫃買中心）簽訂合作的群眾集資平台。

募款跟集資，這兩種表面上都是募集金錢完成夢想的方式，對我來說，卻有一個很重大的區別，那就是「回饋」這兩個字。好人、行善是一種主觀的感受，但實質的回饋，則是一種商品、一份承諾，和一種無可諉卸的責任。作為一個NGO人，我羨慕flyingV能堅持把對支持者的回饋，在設計階段就放進夢想者的心裡，採all or nothing（未達募資目標則全額退還）的制度，也提醒提案人不能夠中途七折八扣、便宜行事。

議題的關注，與其注重廣度，不如注重深度。

真的想要當好人，就請把幫助世界變得更加美好這件事，看成一種專業，而不是在有罪惡感的時候，精明地比較CP值後，用最低廉的價格購買到最亮的光環。

真正的關愛，不會是觀音菩薩的楊枝甘露，到處都來一滴，灑得越廣越好，而是能不能對自己真正關注的一、兩個議題負責持續不懈，並且把每一件決定開始關心的事情，關注到底，變成生命中理所當然的一部分，這才是學習成為一個真正「好人」的養成之路。

第54回合

社工為了合乎個案需求而不通報，該自首嗎？

想自首的社工師：

阿北，我是一個奉公守法的社工師，前兩年我經手一個受到性猥褻的未成年少女個案，當時我把重點都放在當事人身上，因為發現她有創傷症候群的症狀，因此立刻轉介心理師，我也一直持續追蹤，當事人因此得到很大的幫助，這個案也就結案了。

可是我現在越想越不安，因為當時這位少女說如果通報的話，家人、學校、同學通通會知道，那她根本不想活下去，所以沒有按照規定去通報。最近越想越怕，在考慮是不是應該去警察局自首，阿北可以給我一些建議嗎？

循循善誘的褚阿北：

社工是為了誰而存在？你想過這個問題嗎？

反思作為「社工」的意義

當你擔心的重點是自己有沒有「犯法」的時候，身為一個社工師，一個NGO工作者，或任何一個想透過服務讓自己的生命變得更有價值的人，你有沒有想過自己的角色，到底是為了誰而存在？

社工師行動的中心，是真誠串連各個周邊系統（systems）的資源，為案主做所有能做的幫助，這是以「服務對象」為中心導向（client-centered）。

然而如果行動的準則，是以各種規定和法律的要求作為遵行的中心思想時，就是以「社會控制」（social control）作為導向。

所以在我們開始正式討論之前，奉公守法的社工師，請先想一想：你的存在，究竟是為了警方，還是為了案主？

法律是最低限度的道德

你一定有聽過「法律是最低限度的道德」這句話吧？因為道德的層面太廣，又很主觀，每個人對道德的看法又都不一樣，只好用對最多數人有利的方式來制定法律，但這並不代表法律能夠完全兼顧每個人的利益，所以違反道德的（像是在車禍現場見死不救），卻不一定違背法律。同樣的道理，有些明明符合道德的事，卻違背法律，當然也是可能存在的（像你的這個例子）。

在世界不盡完美的情形下，如果一定要在這兩個當中做一個不完美的選擇、在兩者中取捨，哪一個比較符合你心目中想成為的那個社工？

ＮＧＯ組織時常會面對這種「道德」跟「法律」難兩全的困境，但是不同的機構採取的方法也會不同。比如勵馨基金會接觸許多未成年人發生性行為、懷孕的案件時，發現如果將未成年人彼此之間你情我願的「合意」性行為依照法律規定以性侵害案件通報的話，很可能會因此毀了兩個年輕人的一生，甚至變相造成未成年人非法墮胎的數字增加。所以他們跟婦產科醫學會聯手倡議所謂的「通報分級」制度，就是我很欣賞的態度，因為如果法律本身不但無法幫助人，反而會傷人，很明顯就不符合道德的大原則。

社工也是人，尤其手上同時有很多案子同時進行的話，當然也會難免犯錯。以這個例子來說，你覺得自己未做法定通報，認定自己職責疏忽，於是開始產生自責的情緒，所以想要透過「自首」去解決的念頭越來越強。但你忘了從一開始，就是因為評估了個案需求的優先順序、跟可能會自殺的潛在風險，才選擇不去通報的，這樣的「職責疏忽」，與其說是犯法，不如說是法律程序上不太完美，因為你為當事人做的，遠遠超過法律的要求。

夠好，為什麼還不行？

或許阿北的想法真的跟正常人不一樣，我覺得我想要討論的重點，根本不是該不該自首的問題。如果你真的很鐵齒，堅持去警察局「自首」的話，搞不好警察伯伯根本不知道該怎麼受理你的案子。因為明明結案都快一、兩年了，當事人也好好地重新步上生活的正軌，突然跑去自首，也是去求安心的而已，幾乎沒有實質意義，搞不好還會被認為這社工是來搞笑、還是找麻煩的嗎？

如果這不重要，那什麼才重要？

學會在一個不完美的世界，如何「放過自己」，我覺得更重要。

個案的當事人「夠好」還不行，一定要SOP的流程也「完美」才可以，難道你不覺得自己是個很貪心的人嗎？

社工這份工作，就像許多NGO組織的角色，往往每天面對的是世界最醜陋不堪的一面，是一份需要內化的工作。既然永遠有解決不完的問題，不如不要那麼貪心，學會怎麼跟自己的不完美和好，才能活得快樂、活得有價值！

比「合法」更重要的事

老實說，我一點也不覺得自首與否，會對這個事件的實質意義或象徵意義有任何改變或影響，因為那只是你個人的行為罷了。但是學會如何判斷，幫助自己未來在面對類似的事情時，擁有獨立解決的能力，知道如何在認知想法上改變，如何跟自己和好，才能坦然面對這份專門面對人生不愉快與不完美的職業。

十八、十九世紀英國哲學家邊沁（Jeremy Bentham）認為，只有快樂才能稱之為善，其他我們稱為善的東西，都只是因為它們有助於快樂的實現。從這個角度來看，我相信不快樂的NGO工作者，是沒有能力實現善的。

在實現「善」的過程中，請別因為追求合法而忘了追求正義，或是為了追求完美而忘了追求快樂。既然沒有犯罪，就沒有理由把自己塑造成罪犯。成為一個自己喜歡的人，就從停止自我折磨開始，如何？

第55回合

想很多卻不會思考？思辨力帶來NPO專業

喜歡看書的NPO小公關：

我是非營利組織工作者，做的是行銷，請問阿北，如果想在工作之餘增進自己的專業，該看什麼書（阿北又出書了！為什麼有這麼多時間寫書寫這麼快，好佩服）、或參加什麼樣的活動，才能變得很厲害呢？

喜歡思考的阿北：

先學會思考，訓練思辨力，再來看書參加活動吧！

不會思考，讀再多書也沒用

如果看書就可以變專業、參加活動就會變得很厲害的話，大家應該只要遇到疑難雜症都會去問圖書館員，NGO工作者都要先當過十年書店員工，我們也都要辭掉工作，才能常常參加里長辦的活動。

我想問題的癥結，應該在於思考這件事吧！不會思考的人，最需要的不是看更多書，因為既然不會思考，看再多的書也是浪費時間。

對於「想很多」卻「不會思考」的人來說，真正需要的是四個步驟，以養成思辨的習慣。

當資訊像汪洋大海一樣龐雜的時候，如果沒有思辨能力，就無法在資訊的洪流中航行。如果發現自己沒有「思考」的能力，不妨跟我一樣，時時提醒自己，美國發展心理學資深教授 Kathy Hirsh-Pasek 所提出的 critical thinking（思辨力）養成四步驟：

1. **意識到自己一直被動接受資訊。**
2. **意識到真實往往不只一個版本。**
3. **形成屬於自己的意見。**
4. **仔細求證、鑽研，甚至懷疑。**

在工作上或生活上，無論遇到什麼難以思考的問題，我都試著回到這四個簡單的步驟，這就是養成思考習慣的開始。

比如說我從少年時代開始當背包客旅行，在貧窮的國家看到許多乞丐，當時的我，完全不知道該怎麼面對每天排山倒海而來向我伸手的貧窮。我很懷疑，世間有沒有一本好書，或是有沒有一個活動，可以告訴我們「遇到乞丐該怎麼辦？」而在當背包客十幾年後，之所以會決定進入ＮＧＯ工作，可以說就是花了很長的時間思考，才找到回應自己「遇到乞丐該怎麼辦？」這個問題的方法。

面對困難的問題，如果希望很快速、很容易地就可以「想」出答案，大多數的結果都會對自己相當失望。

在ＮＧＯ工作後，我遇到的對象也漸漸從單純的貧窮、單純的乞丐，延伸到戰後孤兒、經濟難民等，各種比「因為貧窮而成為乞丐」更加複雜的身分，但我還是時時把自己拉回這四個步驟去思考。

比如說二〇一五年夏天，我在維也納火車站看到輾轉逃難而來的敘利亞難民潮，等著繼續移動到德國的路上，他們顯然不是乞丐，但確實無家可歸。無家可歸是什麼感受？奧地利民眾熱心捐助的食物堆積如山，車站的臨時倉庫都塞不下了，但多數難民似乎對於這些物資並不感興趣，因為他們聽說這些食物跟物資可能跟豬肉、火腿混放在一起，不符合伊斯蘭教的戒律，維也納政府甚至必須呼籲民眾不要再捐了。這算不知感恩嗎？

許多穿著光鮮亮麗的年輕難民，拿著我從來沒見過的五百歐元大鈔，在車站附設的便利商店邊滑著手機上網，一邊等著結帳買他們自己選擇的髮蠟、微波食品、巧克力，而不是生活必需品。我有權利生氣嗎？

敘利亞難民不想學德語，不想接受瑞士的文化規矩，不想在丹麥找工作，只想在新的國家蓋一間很大的清真寺，可以安心聚在裡面，繼續過著跟在敘利亞一樣的生活，這樣有錯嗎？

不需要想著身為NGO工作者的身分，而是身為一個相信公平、正義價值的人，我應該怎麼想這些事？他們真的需要幫助嗎？如果答案是肯定的，那又該是什麼樣的幫助？

於是我在腦中很快按照四個步驟進行思考：

意識到我一直被動接受資訊

我過去一直以為「難民就是看起來很可憐，而且沒有錢」這種說法是正確的。

真實往往不只一個版本

在難民中繼站的現場，我赫然發現能夠拿出幾千美金、甚至幾萬美金，搭上人蛇集團安排的船或是卡車，逃離家園成為「難民」，本身就是一種富裕的表現。極度貧窮的敘利亞人，或許逃到約旦的難民營，或許困在家鄉，是沒有辦法成功逃到維也納的。所以難民不見得「看起來」都很可憐。

形成屬於自己的意見

相對來說，站在富裕階層的敘利亞難民表面上有錢，但他們確實需要長期、大量的幫助，因為他們無法回到家園，有限的經濟優勢只足夠幫助他們逃到歐洲，卻沒有辦法幫助他們在語言、文化都完全陌生的環境立足。所以不應該只因為他們此時此刻拒絕物資，就認定他們不需要幫助。

仔細求證、鑽研，甚至懷疑

生活在和平時代的富裕奧地利人，直接捐大量物資給不幸的敘利亞難民，卻不被領情的原因是什麼？真的是難民傲慢，還是不了解難民的真實需要？我發現難民們幾乎全身家當都只有一個像大學生常用的 Jansport 背包，而且扁扁的，是不是因為帶著物資逃難，反而會對他們繼續前進造成拖累？還是物資的製造或堆放方式，違反了清真飲食的標準？物資的捐助，是否能彌補他們命運遭遇的不幸？如果不能，是不是有更好的方法改變他們不幸的命運？我在這個方法中，又能扮演什麼樣的角色？

這樣四階段的思考習慣，雖然說明起來很簡單，一旦經過反覆練習，養成像第二直覺般的思考習慣和能力，確實帶給我在 NGO 工作上莫大的幫助。我因此從不斷地思考中，找到自己喜歡的目標，然後將這些目標變成工作的內容，也因此對於工作的內容及對象不會輕易產生幻滅跟指責，而能夠一直保持正面思考的熱情和希望。

換句話說，即使像我這樣一個沒有接受過正式哲學養成教育的人，也可以按照這四個步驟，訓練自己養成「思考」的習慣。

「思考」這個好習慣，不但可以幫助自己將喜歡的工作做得更好，成為別人心目中很「厲害」的高手，更重要的，是能夠透過思考、透過工作，逐漸成為一個自己喜歡的人。

褚士瑩

攝影 © 孔子君

國際 NGO 工作者。擔任美國華盛頓特區國際金融組織的專門監察機構 BIC（銀行信息中心）的緬甸聯絡人，協助訓練、整合緬甸國內外的公民組織，包括各級NGO組織，少數民族，武裝部隊，流亡團體等，有效監督世界銀行（The World Bank Group）、亞洲開發銀行（ADB）及世界貨幣組織（IMF）在缺席二十多年後重回改革中的緬甸，所有的貸款及發展計畫都能符合財務正義、環境正義，以及其他評量標準，為未來其他各項金融投資進入緬甸投資鋪路。回台灣的時候，他跟在地的 NGO 工作者，一起關心客工、新移民、部落、環境、教育、社區營造、農業、自閉症成人、失智症家屬的支持等，希望更多優秀的人才能夠加入公民社會，這個領域的專業人才能夠一起做得更好。

褚士瑩作品 · 延伸閱讀

給自己 10 樣
人生禮物

我，故意跑輸

給自己的 10 堂
外語課

旅行魂

1 年計畫
10 年對話

美食魂

55個刺激提問

Creative 115

把好事做對，思辨後的生命價值問答，國際 NGO 的現場實戰

褚士瑩——著

出版者：大田出版有限公司　台北市 10445 中山北路二段 26 巷 2 號 2 樓　E-mail：titan3@ms22.hinet.net　http：//www.titan3.com.tw　**編輯部專線：**（02）25621383　**傳真：**（02）25818761　**法律顧問：**陳思成

如果您對本書或本出版公司有任何意見，歡迎來電

總編輯：莊培園　**副總編輯：**蔡鳳儀　**執行編輯：**陳顗如　**行銷企劃：**古家瑄、董芸　**美術設計：**賴維明　**校對：**金文蕙、黃薇霓、林惠珊

初版：二〇一七年（民 106）五月十日　**定價：**320 元　**印刷：**上好印刷股份有限公司 (04)23150280　**國際書碼：**978-986-179-487-7　CIP：546.7/106004179

版權所有 · 翻印必究　如有破損或裝訂錯誤，請寄回本公司更換